重慶三峽博物館藏甲骨集

宋鎮豪　黎小龍　主編

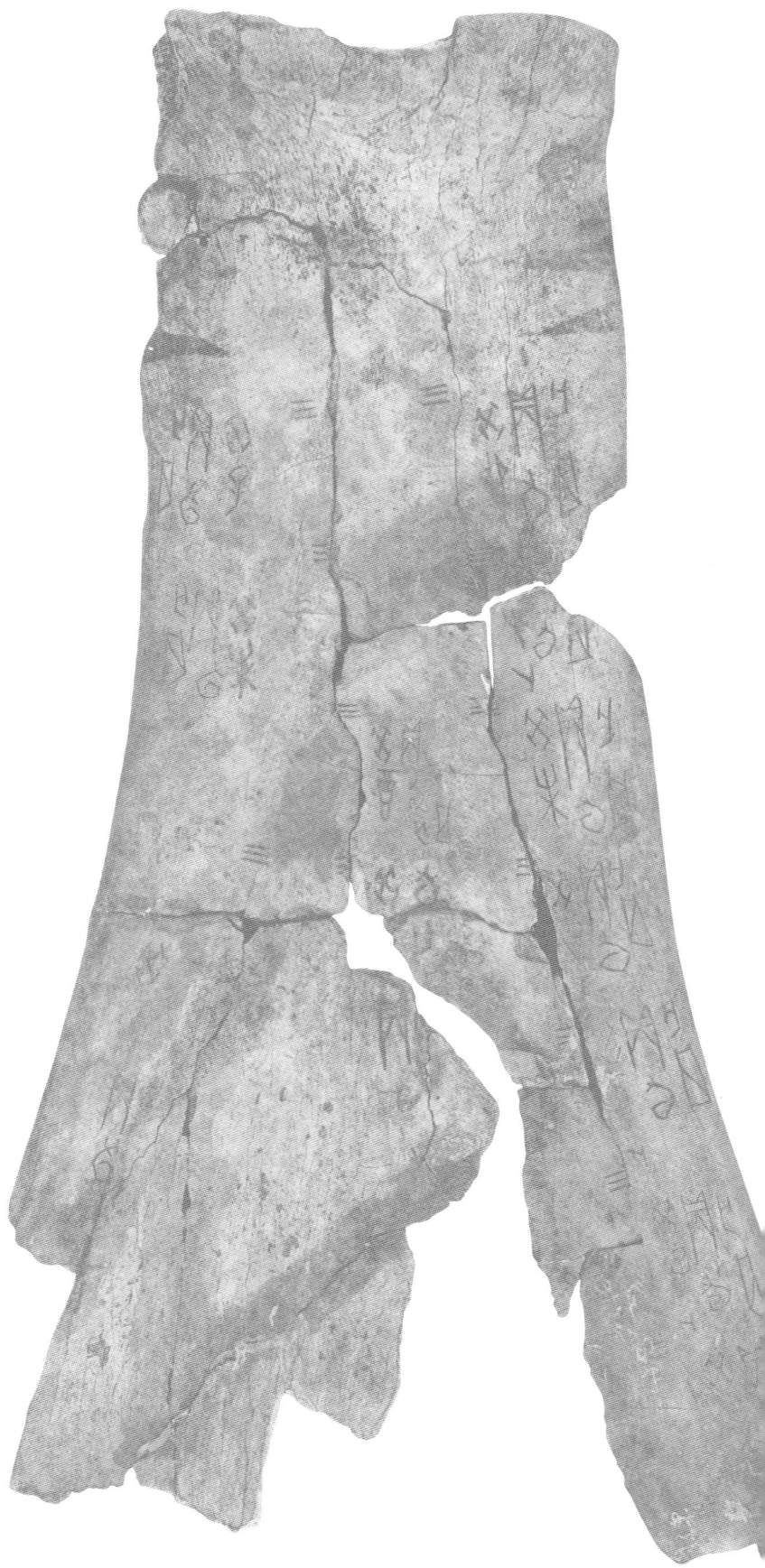

上海古籍出版社

圖書在版編目(CIP)數據

重慶三峽博物館藏甲骨集／宋鎮豪，黎小龍主編. —上海：上海古籍出版社，2016.11
ISBN 978－7－5325－8113－9

Ⅰ.①重… Ⅱ.①宋… ②黎… Ⅲ.①甲骨文—彙編 Ⅳ.①K877.13

中國版本圖書館 CIP 數據核字(2016)第 108629 號

封面題簽　宋鎮豪
責任編輯　顧莉丹
裝幀設計　嚴克勤
技術編輯　富　強

重慶三峽博物館藏甲骨集

宋鎮豪　黎小龍　主編
重慶中國三峽博物館
中國社會科學院甲骨學殷商史研究中心　編著

上海世紀出版股份有限公司
上 海 古 籍 出 版 社　出版
（上海瑞金二路 272 號　郵政編碼 200020）
　（1）網址：www.guji.com.cn
　（2）E－mail：guji1@guji.com.cn
　（3）易文網網址：www.ewen.co

上海世紀出版股份有限公司發行中心發行經銷
印　刷　上海雅昌藝術印刷有限公司
開　本　787×1092　1/8
印　張　19.5
版　次　2016 年 11 月第 1 版
　　　　2016 年 11 月第 1 次印刷
ISBN　978－7－5325－8113－9/K·2211
定　價　880.00 元
　　　　如有質量問題，請與承印公司聯繫

編　著

重慶中國三峽博物館

中國社會科學院甲骨學殷商史研究中心

主　編

宋鎮豪　黎小龍

副主編

宮長爲

編輯組成員

宋鎮豪　宮長爲　徐義華

劉義峰　趙　鵬　郅曉娜

馬季凡　方　偉　鄭　丹

鄭學斌　梁冠男

責任編輯

顧莉丹

攝　影

方　偉　趙　鵬

本書爲國家古籍整理出版資助項目

上海文化發展基金會圖書出版專項基金資助項目

中國社會科學院創新工程學術出版專項經費資助項目

目　録

前　言

　　河南安陽殷墟出土的甲骨文，與當今的漢字一脈相承，是中國文字的鼻祖。甲骨文珍貴的原始素材，使有資可考的上古史相應地上推到 3000 多年前的殷商王朝時期。通過甲骨文的考索，可以尋繹中國古典思想的淵藪和瞭解中國傳統文化的始源、流變、特質與品格。

　　甲骨文發現於晚清光緒二十五年己亥（公元 1899 年），迄今已有 110 多年，先後出土達十多萬片，時代滄桑，私掘盜挖幾度猖獗，甲骨實物流散海内外各處，甲骨文著錄書册眾多，計 220 種以上。上世紀 80 年代以來，具有里程碑意義的《甲骨文合集》與《甲骨文合集補編》等集大成性典籍相繼編著出版，爲推動甲骨文和甲骨學研究創造了良好條件。但由於不可周知的原因，還有不少疏略遺漏和不盡人意處。一批國内單位收藏甲骨文較多者，也往往祇是部分被著錄，尚有相當數量的甲骨文長期被“冷藏”庫房，没得到專業性整理與研究。故有計劃將各家甲骨藏品盡可能進行整體性整理，通過整理促進研究，辨其真僞，别其類組，分期斷代，殘片綴合，釋讀文字，縷析文例，詮解史實，著錄公布，這方面工作仍任重道遠。

　　新世紀以來，甲骨文的全面保護、整理與研究進入了一個新階段，全國性的甲骨藏品家底清理及其保存現狀的調查摸底正在展開，多家博物館、圖書館已經着手甲骨文藏品的徹底整理研究與著錄公布，這必將有利於甲骨文遺產的保護與傳承。

　　重慶中國三峽博物館所藏甲骨 208 片。該館是在 2000 年經國務院辦公廳批准成立，前身爲西南博物院，1951 年建館，1955 年更名为重庆市博物馆。甲骨藏品絕大部分都是在建館初入藏的，其中約有 10 多片來自衛聚賢饋贈，16 片來自羅伯昭捐贈。衛聚賢（1899～1989），字懷彬，號介山，又號衛大法師，山西萬泉（今萬榮）人，考古學家。1927 年畢業於清華國學研究院。1928 年任南京古物保存所所長。1929 年發掘南京明故宫。1930 年主持南京棲霞山三國墓葬發掘，又參與調查常州淹城遺址、上海金山衛戚家墩古文化遺址等。1936 年任“吴越史地研究會”總幹事，主編《吴越文化論叢》。1943 年擔任重慶《説文》學術月刊主編。1949 年離開大陸，先後任香港珠海、聯合學院教授，香港大學東方文化研究院研究員，臺灣輔仁大學教授。著有《中國考古學史》、《古器物學》、《臺灣山胞由華西遷來》等。羅伯昭（1899～1976），名文炯，號沐園，四川重慶巴縣人，古錢幣收藏家。1921 年畢業於上海聖約翰大學。1939 年定居上海，籌建中國泉幣學社，爲副社長。全國解放後將其珍藏分數批分别捐贈給了中國歷史博物館、上海博物館和家鄉的重慶市博物館。

　　此外，重慶市博物館在 1951 年還分別從北京和重慶購入了三批甲骨，計 177 片，其中一批 20 片係端方舊藏。據胡厚宣先生《大陸現藏之甲骨文字》（《中研院歷史語言研究所集刊》第六十七本第四分，1996 年）一文説，端方這批甲骨中，有一些或來自劉鶚的原藏品，後歸羅福頤，最後爲重慶市博物館購藏。端方（1861～1911），字午橋，號陶齋，清末大臣，滿洲正白旗人，托忒克氏，嗜金石書畫，著有《陶齋吉金録》、《陶齋藏石記》。宣統元年督辦川漢、粵漢鐵路，在四川資州爲新軍嘩變所殺。劉鶚（1857～1909），名震遠，一名孟鵬，後更名鶚，字鐵雲、雲摶，又字公約，號老殘，署名"鴻都百煉生"，江蘇丹徒人，清末小說家、收藏家。劉鶚收藏甲骨，據其1903年編集出版的《鐵雲藏龜》一書自序云："總計予之所藏，約過五千片。"光緒三十四年（1908）劉鶚因買倉糧賑災民一事獲罪流放新疆，不久卒於迪化戍所，生前所藏甲骨散失各處，有被端方、羅福頤所得者。羅福頤（1905～1981）出生於江蘇淮安，祖籍浙江上虞，羅振玉之子，字子期，筆名梓溪、紫溪，七十後自號僂翁，古文字學家，著有《古璽彙編》、《古璽文編》、《古璽印概論》、《漢印文字徵》、《滿洲金石志》等。第二批90片購自孫作雲。孫氏（1912～1978），字雨庵，號龍犨，遼寧復縣西海村人。1938年畢業於清華大學文科研究所，歷任北平大學、東北大學、華北大學、中國大學副教授、教授，主要從事神話和《詩經》《楚辭》的研究，著有《〈詩經〉與周代社會研究》。第三批67片購自重慶白隆平。白氏（1883～？），原名敦庸，字堅夫、堅甫，四川西充縣人。光緒廩生，參與過維新變法和四川保路運動。留學日本，畢業於早稻田大學政治科。曾任職於段祺瑞北洋政府，又任北京師範學院國文教習，與同好結"餘園詩社"。嗜金石文物，骨董賈人，其藏品有倒賣流落日本者。著有《讀漢魏石經記》、《石居獲古錄》。

重慶中國三峽博物館的208片甲骨藏品中，包括有字甲骨178、無字甲骨及碎甲骨18、偽片12。當年《合》選收了36片，其後《合補》又擇選3片（1片與《合》重），其餘約140多片沒有被著錄過。2010年6月中國先秦史學會在重慶召開"三峽古文化學術研討會暨第九屆年會"，承蒙三峽博物館黎小龍館長盛意，我仔細觀摩了這批甲骨，提出整宗整理著錄公布的建議，得到黎館長的首肯。2011年8月15日，我應邀出席國家文物局有關全國博物館工作的例會，會後宋新潮司長約至其辦公室，談及海內外甲骨文調查，我提出可否推動旅博、山博、重博等館藏甲骨的整理著錄，宋司長十分讚同，並答應聯絡襄助。

2012年10月，中國社會科學院歷史所甲骨學殷商史研究中心啟動了與三峽博物館協同整理館藏甲骨的工作，我先後兩次委派專業人士到三峽博物館，和館方工作人員密切合作，對全部甲骨藏品進行拍攝、墨拓整理研究。上海古籍出版社王興康社長全力配合，派出攝影師方偉前期介入此項工作，先是從10月27到31日，與本中心趙鵬博士一起用了5天時間完成了甲骨的數字化精細拍攝。到11月初，又請本中心宮長爲博士率徐義華博士、劉義峰博士專程前往墨拓甲骨文，自8日工作至12日告成。我們還請郅曉娜博士承擔了全部甲骨文的摹本製作。

《重慶三峽博物館藏甲骨集》，採用甲骨彩版、拓本、摹本、釋文、著錄檢索表五位一體著錄體例，公布全部甲骨藏品。彩版包括甲骨正、反、側面照片，可觀察甲骨的鑽鑿形態、側邊文字，以及甲骨邊緣鋸截錯磨整治和左右碴口厚薄斷裂等狀況，亦便於甲骨拼綴的驗證。甲骨圖版的編次，貫徹了"分期斷代，按字體別其類組，再按內容次第排序"的原則，妥善處理甲骨類組及分期斷代方面學界存在的爭議，既保持了與《合》《合補》"五期說"之間的銜接傳承關係，又盡可能體現甲骨學界對甲骨字體類組區別的研究成果，並展示我們在整理研究中的一些新知新獲。這批甲骨文中，第一期賓組最多，有118片，第二期出組13片，第三期何組5片，第四期無名組等12片，第五期黃組30片。釋文中兼對甲骨材質鑒定、涂朱填墨、同文例互補、殘片拼綴等有簡單說明。

這批甲骨文內容涉及殷商禮制、宗教祭祀、社會生活、方國地理、軍事戰爭、天象氣候等方方面面，具有較高的文物價值和史料價值。如本書第1片与《懷特》898、《文攈》884綴合，"元示五牛，二示三牛"與"元示五牛，它示三牛"同貞，講到殷商直系先王上甲元示與二示的神主配置，"二示"與辭位相同、用牲數也相同的"它示"對文，抑或並非通常認爲的示壬、示癸兩位直系先王，似另有所指，如《合》22098（午組）有"虫歲于二示父丙、父戊"。第120片祭祀用牲數"六牛”，很少見。昔日郭沫若云“凡卜牢牛之數者……四、六、七、八、九諸數不用”（《殷契粹編考釋》586 片），看來也不盡然。第 8 片“貞勿［咸］尞丁宗”，與《天理》B053“貞咸尞丁宗”正反對貞，兩片骨面剥蝕程度相類，品相接近，字體一致，似可遥綴，内容與建築工程技術有關。第 13 片“貞亩穷爲。貞勿爲”，與《殷遺》145“貞亩小穷爲”，都是牛胛骨右邊條卜辭，文字均填墨，背面鑽鑿形態相同，似也可遥綴，有助於“穷爲”意義的詮釋。第 26 片與《殷遺》41、《合補》1327 綴合，“貞令犬豈罙麇見方”、“ 貞［勿］令［犬］豈罙麇”，正反卜問偵察敵國動向的情報人員安排。第 45 片“亩曾”，是與曾國之間發生戰爭的難得史料，實不多見。第 36 片“今日祉雨”，第 37 片“貞其菁雨”，第 144 片“今日雨。允雨”，第 161 片“今夕雨”，第 167 片“貞不雨”等，是有關氣象變化的資料。在此就不多舉了。

國家文物局宋新潮先生、上海古籍出版社前社長王興康先生的竭誠支持，使得本書能够十分順利出版。重慶中國三峽博物館前館長黎小龍先生及館方有關工作人員，與中國社會科學院歷史所甲骨學殷商史研究中心的同仁們，爲本項目的圓滿完成辛勤奉獻、鞠躬盡力。此刻，我們更加懷念已故上海古籍出版社攝影師方偉先生。上海古籍出版社吴長青先生爲策劃本書的出版付出了大量精力。責任編輯顧莉丹女士精心設計全書的排樣。在此我們一併致以深深的敬意和感謝！

本書獲得了國家古籍整理出版項目資助和中國社會科學院創新工程學術出版項目資助，謹誌之。

宋鎮豪

2016 年 6 月 18 日

於中國社會科學院甲骨學殷商史研究中心

序

　　癸巳年秋的中國先秦史學會重慶長壽湖會議，與宋鎮豪會長見面的第一個話題，就是這 200 餘片館藏甲骨的出版事宜，他並囑我把這批甲骨的來歷予以說明。

　　翻檢館藏文物檔案帳册，這批甲骨的來歷主要是購買和捐贈兩種方式。據西南博物院《1952 年財產清點盤存明細表》第二册，所列購置文物清單有"青銅"等數種類別，其中有十餘頁爲"甲骨"類文物。就單價論，這批甲骨每片在 13 000～23 000 元（舊幣）之間，大多數爲散片，每片單價有明確記録，唯有 67 片總價 150 萬，"說明欄"注有"此係集品，不能個別計價"。這批甲骨的總價是 280 萬元，可見這 67 片所謂"集品"應是品質好、價最高的甲骨。這本帳册的下方鈐有兩方印，左側"機關首長"欄是"馮漢驥印"，右側"主管"欄爲"董其祥印"。進一步核查，這批館藏甲骨主要來自兩種途徑：一是 1951 年底購自北京羅福頤（20 片）、孫作雲（90 片）及重慶白隆平（67 片），二是羅伯昭捐贈。1952 年財產賬上的甲骨，應是 1951 年從北京、重慶兩地羅、孫、白三人手上購置的。

　　重慶中國三峽博物館・重慶博物館的淵源要追溯到 1951 年 3 月創建的西南博物院，而館藏文物的豐富和學術傳統的形成，也是這一時期奠定其基礎的，並在以後六十餘年的發展進程中產生了深遠的影響。前述甲骨帳册上鈐印的二人，馮漢驥是西南博物院副院長，董其祥則是年輕的專業研究人員，後曾擔任重慶博物館副館長，二人均是建館之初由成都四川大學來重慶西南博物院任職。鄧小平主政西南之初，在文物方面布署的兩件重大事項即對成渝鐵路沿線文物進行的搶救性保護和西南博物院的創建，首任院長徐中舒，副院長馮漢驥、周素園、方國瑜，除周爲社會名流外，其餘三人均爲西南地區著名高校歷史學界、考古學界的名師大家。儘管周、方二人並未到任，但在徐中舒、馮漢驥二人的主持下，一大批史學與文博界的精英和骨幹彙聚到西南博物院，與徐、馮二人同輩的著名學者尚有鄧少琴，年輕一代的則以董其祥、徐文彬爲代表，他們都成爲此後重慶博物館的學術與管理骨幹。西南博物院時期，也是文物藏品來源途徑最爲豐富多樣的時期，其中最得益於捐贈和購買兩大途徑。據檔案記録，1954 年西南博物院的館藏文物已達 10 萬餘件（套），更有清代巴縣檔案 13 萬餘件的收藏和整理。這時期，私人將收藏的文物藝術品捐贈於博物館蔚然成風，以王瓚緒、衛聚賢、申彥雲、汪雲松等 30 餘人爲代表的個人捐贈，數量大、價值高。抗戰時由上海內遷重慶的衛聚賢捐贈文物達 929 種計 18 400 件（套），王瓚緒捐贈的 300 餘件（套）歷代書畫均爲珍貴文物，其中一、二級文物多達 140 件（套）。出售甲骨的白隆平和捐贈甲骨的羅伯昭，都是這時期捐贈文物的主要收藏家。

　　從建國初的西南博物院到如今的重慶中國三峽博物館・重慶博物館，歷經三代博物館人的努力和艱辛，在 1952 年文物帳册上鈐印的馮漢驥、董其祥可謂第一代和第二代的傑出代表。這批甲骨入藏我館已逾六十年，其間曾得到中國社會科學院李學勤、孟世凱二位先生的關心和指導，部分已收入中國社會科學院歷史所編《甲骨文合集》。2010 年中國先秦史學會第九屆年會在重慶召開，宋鎮豪會長看了這批甲骨以後，即提出整理後整宗出版的意見。2012 年，中國社會科學院歷史所甲骨學殷商史研究中心兩次委派專業人員來館整理，和我館藏品部工作人員密切合作，其中宮長爲副會長率徐義華、趙鵬、劉義峰三位博士來館工作數天，成效明顯，爲此次的出版奠定了有利的條件和基礎。對中國先秦史學會和中國社會科學院歷史所兩屆領導和專家的長期指導和幫助，我們表示衷心的感謝和敬意！

黎小龍

癸巳年冬於重慶北碚學府小區

凡　例

一、本書爲重慶三峽博物館所藏全部甲骨的專集，整理後得有字甲骨 178、無字甲骨及碎甲骨 18、
僞片 12，共計 208 片。

二、本書共分爲三部分，第一部分爲彩版、拓片、摹本及附録；第二部分爲釋文；第三部分爲檢
索表。

三、凡甲骨彩版、拓片和摹本均按實物原大刊出。凡甲骨有綴合者，也按原大刊出。

四、彩版包括甲骨正面、反面、有完整鑽鑿斷痕的側面，以及有骨臼的照片。拓片與摹本均屬新拓
或新製，包括有字甲骨之正面、反面及骨臼。

五、本書甲骨用阿拉伯數字統一編次，彩版號與拓片號、摹本號對應一致。每片甲骨占一個號，凡
同片之正、反、側、臼則分别標注正、反、側、臼字樣。無字甲骨用 N 表示。碎甲骨用 Fr 表
示。僞片用 F 表示。

六、本書採用"分期斷代，按字體别其組類，再按内容次第排序"的體例編次。分期與《甲骨文合
集》"五期法"大體保持一致。每一期甲骨的排序，依字體組類進行編次。每組類甲骨的内容分
類大致按世系、祭祀、呼命、貢納、田獵、農事、氣候、卜旬、卜日、卜夕、方國、戰争、刑
罰、卜法及其他等爲序。

七、本書釋文包括正文與釋文説明等内容。釋文正文中有"□"者表示缺一字，"☑"表示殘缺字
數不詳。字加"〔　　〕"者，是依文例擬補之字。凡異體字、通假字等或隨文在注明字處加括弧
"（　　）"。卜辭釋文末尾一律標句號。同一甲骨上的多條卜辭，依據文例規律或干支先後爲序。
釋文説明則扼要介紹館藏號、《合集》與《合補》著録與否、甲骨綴合、涂朱填墨等相關内容。

八、本書後附檢索表四種，便於檢索本書甲骨新編著録號與館藏號、《合集》、《合補》著録號對照，
以及甲骨材質、分期斷代、字體組類、殘片綴合諸信息。

彩版 拓片 摹本

第一期

1 正　　　　　　　　反　　　　　　　　側

拓片

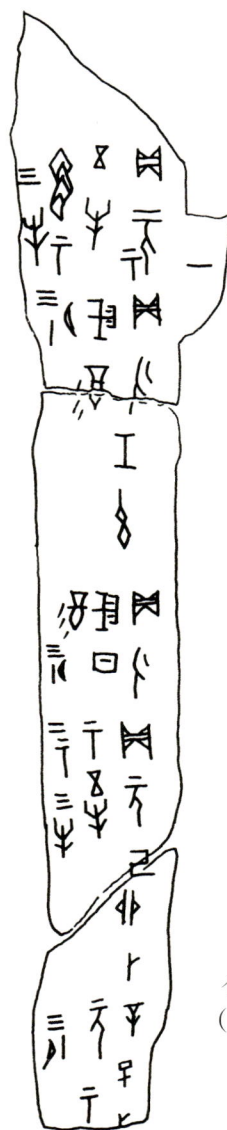

懷 898
（合 14354 照片，不清）

合 14822
（重博 29967，不全）

合 14824
（文擸 884）

29967（合 14822）＋合 14824（文擸 884）＋懷 898（合 14354）

摹本

2 正

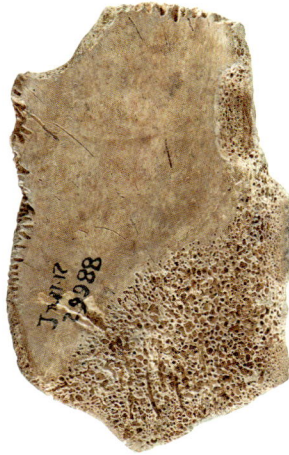

反

側

拓片

摹本

3 正側　　　　　　　　　正　　　　　　　　　反

側

拓片

摹本

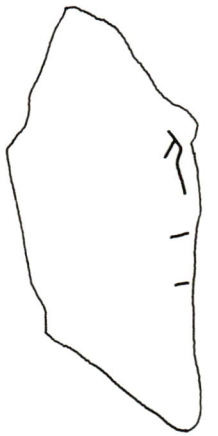

4 正 　　　　　　　反 　　　　　　　拓片 　　　　　　　摹本

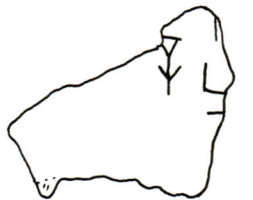

5 正 　　　　　　　反 　　　　　　　拓片 　　　　　　　摹本

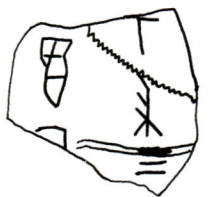

6 正 　　　　　　　反 　　　　　　　拓片 　　　　　　　摹本

7 正 　　　　　　　反 　　　　　　　拓片 　　　　　　　摹本

8 正　　　　　　反　　　　　　侧　　　　　　拓片　　　　　　摹本

9 正　　　　　　　　反　　　　　　　　拓片　　　　　　　　摹本

10 正　　　　　　反　　　　　　侧（1）　　　　　　侧（2）

拓片（正）　　　　　拓片（反）　　　　　摹本（正）　　　　　摹本（反）

11 正　　　　　　反　　　　　　拓片　　　　　　摹本

    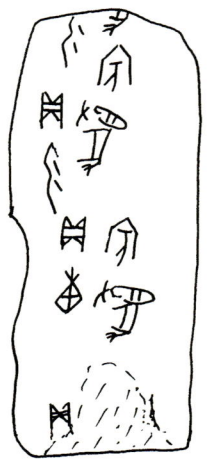

12 正　　　　反　　　　側　　　　拓片　　　　摹本

13 正　　　　　反　　　　　側　　　　　拓片　　　　　摹本

14 正   反

拓片   摹本

15 正   反   拓片   摹本

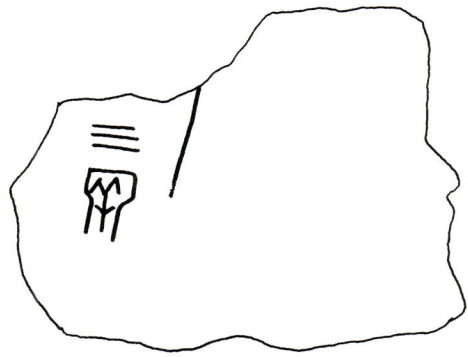

16 正   反   拓片   摹本

17 正 　　　　　　　　反

拓片 　　　　　　　　摹本

18 正 　　　　反 　　　　拓片 　　　　摹本

19 正 　　　　反 　　　　拓片 　　　　摹本

20 正

反

拓片

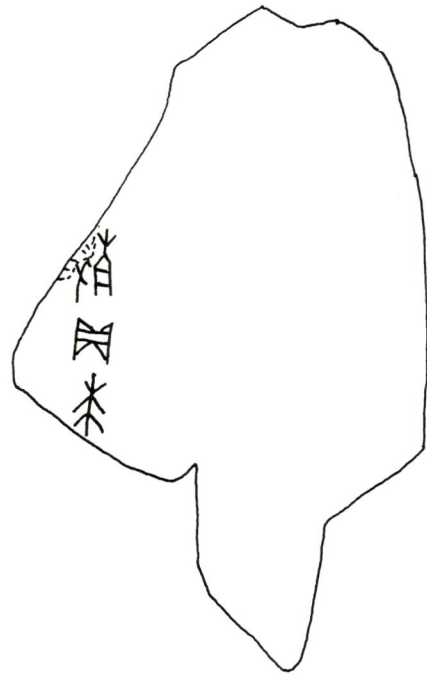

摹本

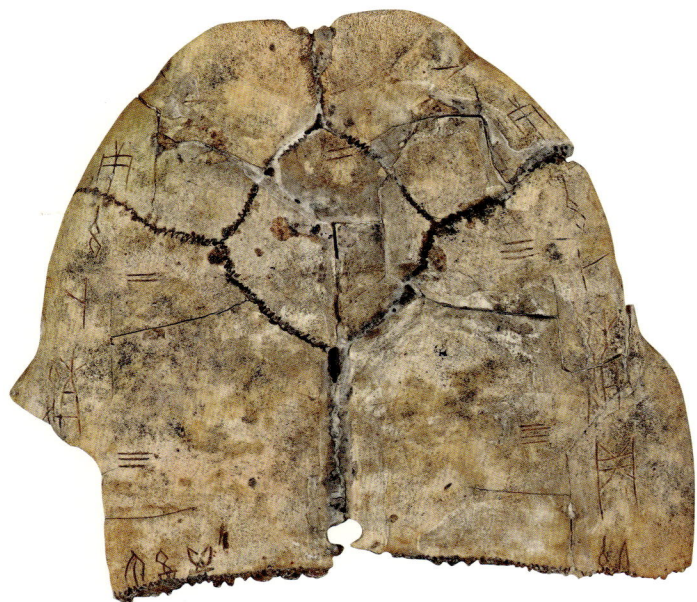

21 正 　　　　　　　　　　　　　　　　反

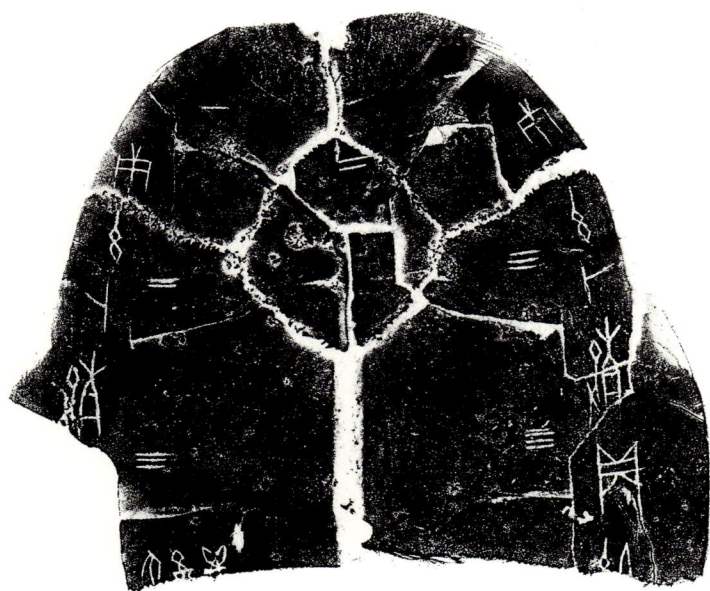

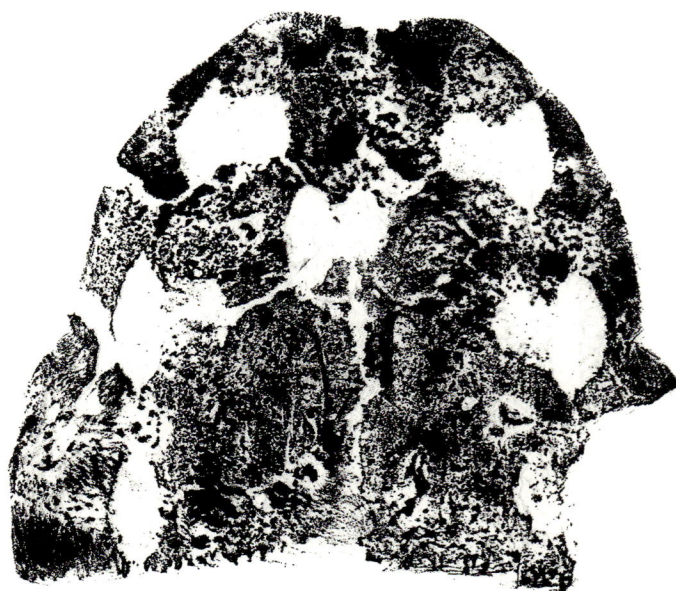

拓片（正）　　　　　　　　　　　　　　拓片（反）

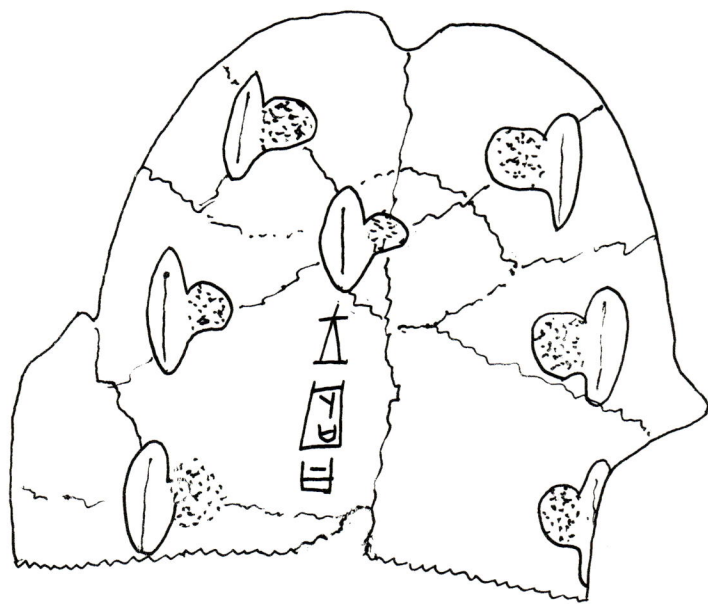

摹本（正）　　　　　　　　　　　　　　摹本（反）

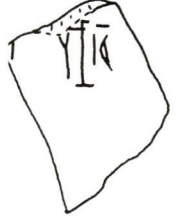

22 正　　　　　　　　反　　　　　　　　拓片　　　　　　　　摹本

23 正　　　　　　　　反　　　　　　　　側

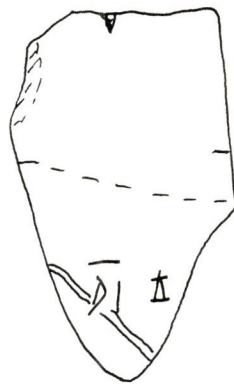
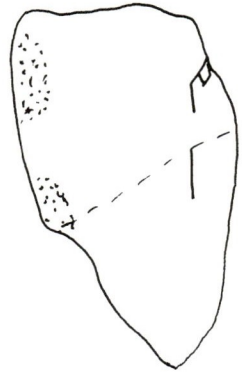

拓片（正）　　　　拓片（反）　　　　摹本（正）　　　　摹本（反）

24 正　　　　　　　　反　　　　　　　　拓片（反）　　　　摹本

25 正　　　　　　　　反　　　　　　　　拓片（正）　　　　　　　　拓片（反）

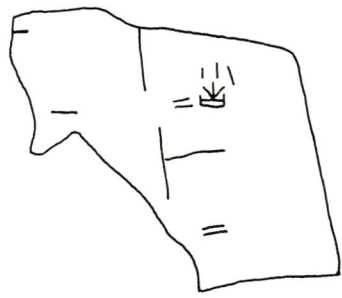
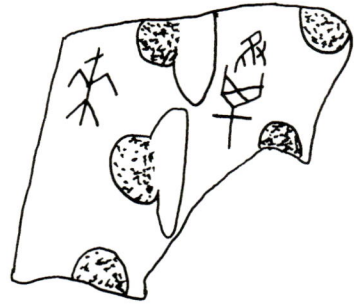

摹本（正）　　　　　　　　　　　　　　摹本（反）

26 正　　　　　　　　　　　　　　　反

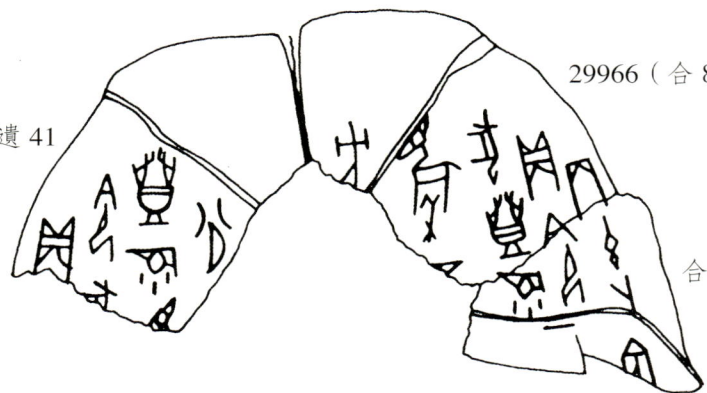

拓片　　　　　　　　　　　　29966（合 8672）+ 合補 1327+ 殷遺 41

殷遺 41　　　　29966（合 8672）

合補 1327

摹本

27 正   反   拓片   摹本

28 正   反   拓片（正）   拓片（反）   摹本（正）   摹本（反）

29 正   反   侧

 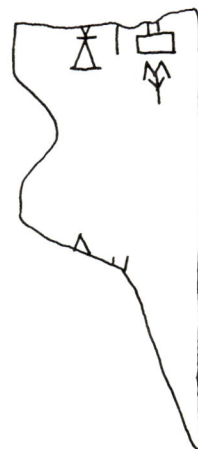

拓片   摹本

17

30 正　　　　　　　　　　反　　　　　　　　　　側

拓片（正）　　　　　　　　　　拓片（反）

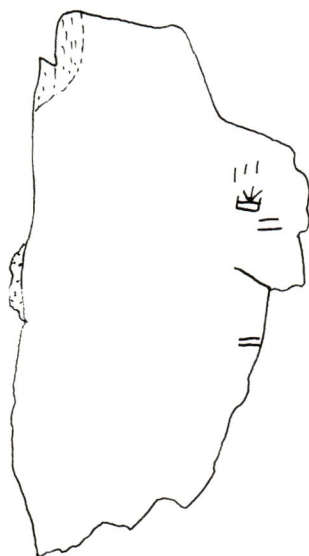
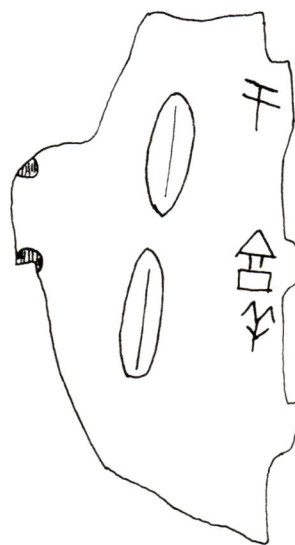

摹本（正）　　　　　　　　　　摹本（反）

31 正　　　　　反　　　　　拓片　　　　　摹本

32 正　　　　　反　　　　　拓片　　　　　摹本

33 正　　　　　反　　　　　側（1）　　　　　側（2）

拓片（正）　　　　　拓片（反）　　　　　摹本（正）　　　　　摹本（反）

34 正　　　　　　　　反　　　　　　　　側（1）　　　　　　　側（2）

 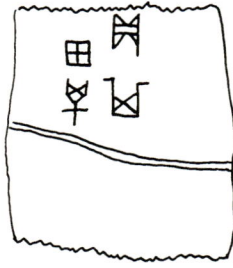

拓片　　　　　　　　摹本

35 正　　　　　　　　反　　　　　　　　拓片　　　　　　　　摹本

 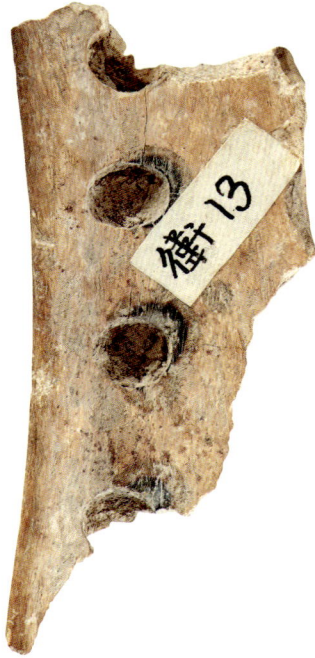  

36 正　　　　　　　　反　　　　　　　　拓片　　　　　　　　摹本

    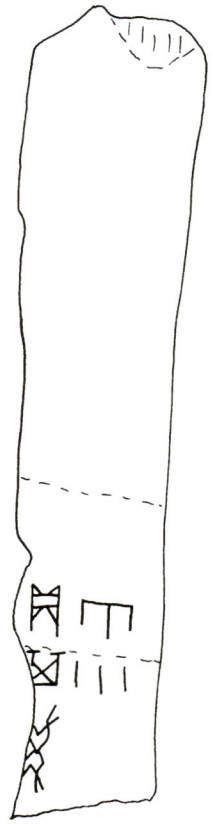

37 正　　　　　　反　　　　　　側　　　　　　拓片　　　　　　摹本

38 正　　　　　　反　　　　　　側　　　　　　拓片　　　　　　摹本

39 正　　　　　　反　　　　　　拓片　　　　　　摹本

40 正　　　　　反　　　　　拓片（正）　　　　拓片（反）

摹本（正）　　　　摹本（反）

41 正　　　　　反　　　　　側　　　　　拓片　　　　　摹本

42 正　　　　　反　　　　　側（1）　　　　側（2）

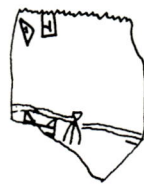

拓片　　　　　摹本

43 正　　　　　　反　　　　　　側（1）　　　　　　側（2）

拓片（正）　　　　拓片（反）　　　　摹本（正）　　　　摹本（反）

　　　　　　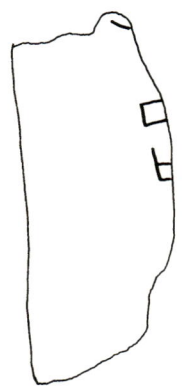

44 正　　　　　　反　　　　　　拓片　　　　　　摹本

　　　　　　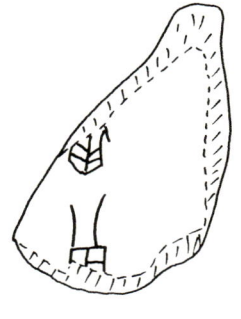

45 正　　　　　　反　　　　　　拓片　　　　　　摹本

46 正　　　　　　反　　　　　　側　　　　　　拓片　　　　　　摹本

47 正　　　　　　反　　　　　　側　　　　　　拓片　　　　　　摹本

48 正　　　　　　　　　　反　　　　　　　　　　側

拓片　　　　　　　　　　摹本

49 正　　　　　　　反　　　　　　　拓片　　　　　　　摹本

50 正　　　　　　　　　　　　反

拓片（正）　　　　　　　　　拓片（反）

摹本（正）　　　　　　　　　摹本（反）

51 正　　　　　反　　　　　拓片（正）　　　　拓片（反）　　　　摹本

52 正　　　　　反　　　　　側　　　　　拓片　　　　　摹本

53 正　　　　　反　　　　　側　　　　　拓片　　　　　摹本

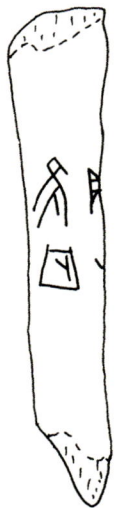

54 正　　　　　反　　　　　拓片　　　　　摹本

55 正　　　　　　　　反　　　　　　　　拓片　　　　　　　　摹本

56 正　　　　　　　　反

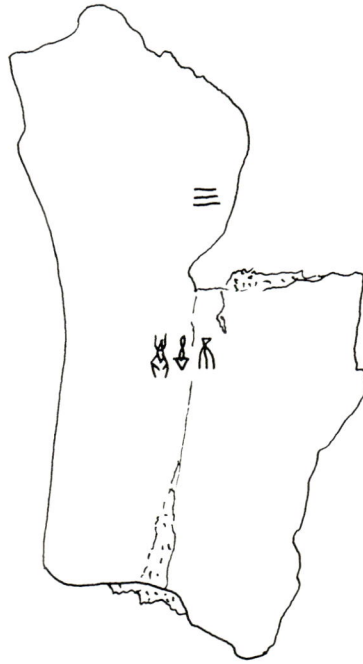

拓片　　　　　　　　摹本

57 正 　　　　　　　反 　　　　　　　拓片（正） 　　　　　　拓片（反）

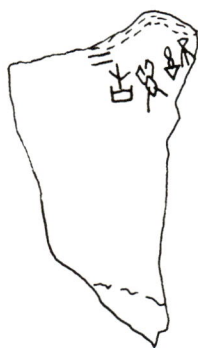
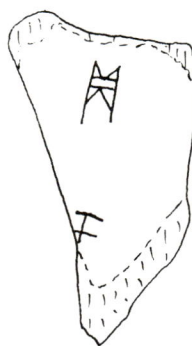

摹本（正） 　　　　　　　　摹本（反）

58 正 　　　　　　　　反 　　　　　　　　側

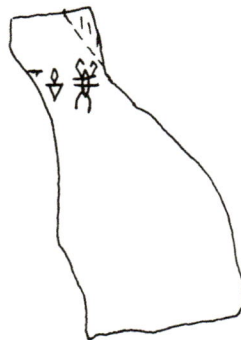

拓片 　　　　　　　　　摹本

59 正 　　　　　　反 　　　　　　拓片（正） 　　　　　　拓片（反）

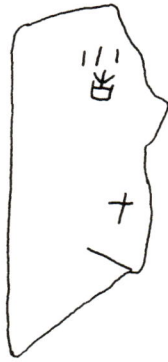 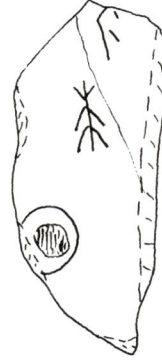

摹本（正） 　　　　　　摹本（反）

  　　拓片 　　

60 正 　　　　　　反 　　　　　　拓片 　　　　　　摹本

61 正 　　　　　　反 　　　　　　侧

拓片 　　　　　　摹本

62 正　　　　　　反　　　　　　拓片　　　　　　摹本

63 正　　　　反　　　　側　　　　拓片（正）　　　　拓片（反）

摹本（正）　　　　　　摹本（反）

64 正　　　　　　　　反　　　　　　　　側

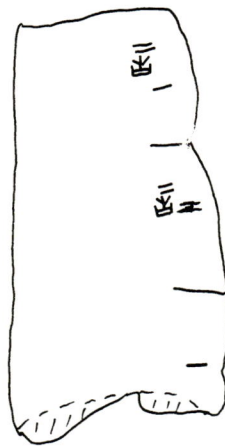

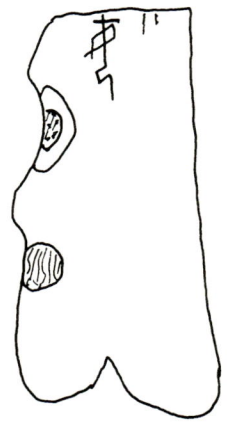

拓片（正）　　　　拓片（反）　　　　摹本（正）　　　　摹本（反）

65 正　　　　　　　　反　　　　　　　　拓片　　　　　　　　摹本

66 正　　　　反　　　　侧　　　　拓片　　　　摹本

67 正　　　　　　　　　　　　反　　　　　　　　　　　　侧

 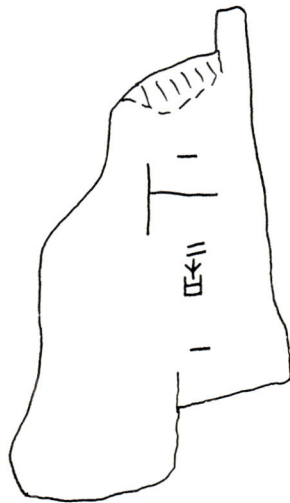

拓片　　　　　　　　　　　　摹本

68 正　　　　　反　　　　　側　　　　　拓片　　　　　摹本

69 正　　　　　反　　　　　側（1）　　　　　側（2）

拓片　　　　　摹本

70 正　　　　　反　　　　　拓片（正）　　　　　拓片（反）

摹本（正）　　　　　摹本（反）

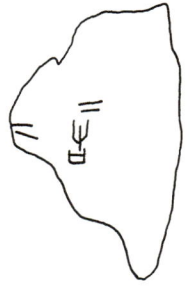

71 正 　　　　　　　反 　　　　　　　拓片 　　　　　　　摹本

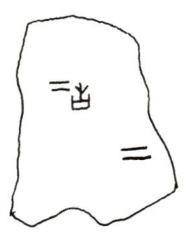

72 正 　　　　　　反 　　　　　侧 　　　　　拓片 　　　　　摹本

33

73 正 　　　　　　　　　　反 　　　　　　　　　侧

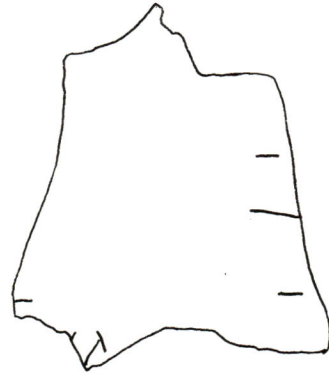

拓片 　　　　　　　　　　摹本

74 正　　　　　反　　　　　側　　　　　拓片　　　　　摹本

75 正　　　　　反　　　　　側　　　　　拓片　　　　　摹本

76 正　　　　　反　　　　　側

　　　　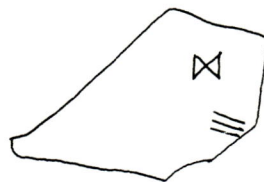　　

拓片（正）　　　拓片（反）　　　摹本（正）　　　摹本（反）

77 正 　　　　　　反 　　　　　　侧 　　　　　　拓片 　　　　　　摹本

78 正 　　　　　反 　　　　　拓片（正） 　　　　　拓片（反） 　　　　　摹本（正） 　　　　　摹本（反）

79 正 　　　　　　　　　　　　反 　　　　　　　　　　　　侧

  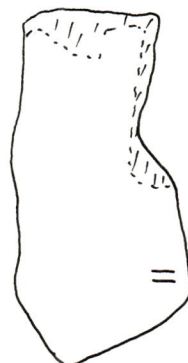 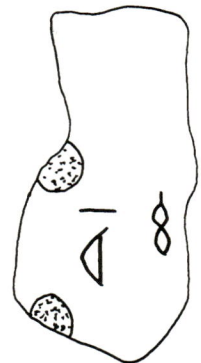

拓片（正） 　　　　　拓片（反） 　　　　　摹本（正） 　　　　　摹本（反）

80 正 　　　　　　　　　　反 　　　　　　　　　　側

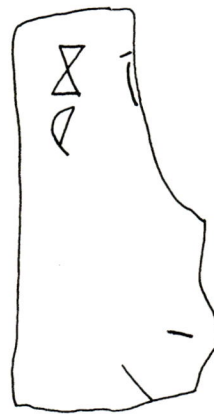
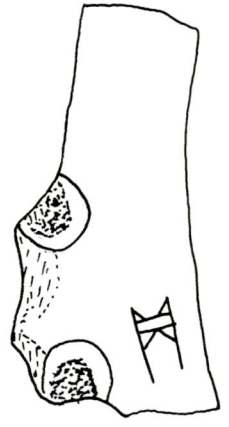

拓片（正） 　　　　　拓片（反） 　　　　　摹本（正） 　　　　　摹本（反）

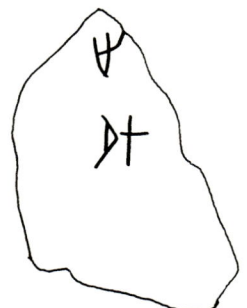

81 正 　　　　　　　　反 　　　　　　　　拓片 　　　　　　　　摹本

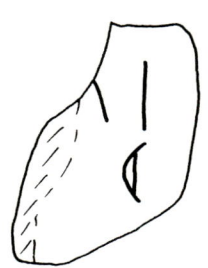

82 正 　　　　　　　　反 　　　　　　　　拓片 　　　　　　　　摹本

83 正　　　　　　　反　　　　　　　拓片　　　　　　　摹本

84 正　　　　　　　反　　　　　　　侧

拓片　　　　　　　摹本

85 正　　　　　反　　　　　側

　　　　　　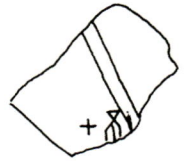

拓片（正）　　　拓片（反）　　　摹本（正）　　　摹本（反）

86 正　　　　　反　　　　　拓片（正）　　　摹本（正）

87 正　　　　　反　　　　　拓片　　　　　摹本

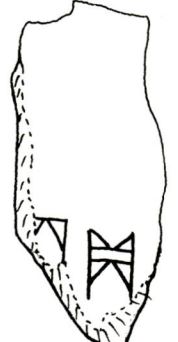

88 正　　　　　反　　　　拓片（正）　　　拓片（反）　　　摹本（正）

    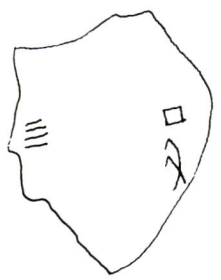

89 正　　　　　　反　　　　　　侧　　　　　　拓片　　　　　　摹本

   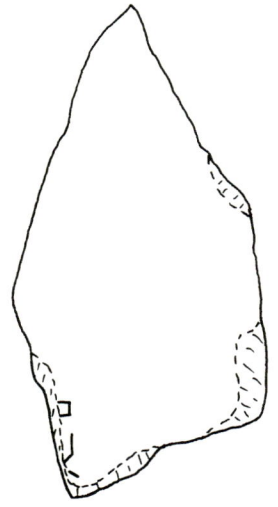

90 正　　　　　　　　反　　　　　　　　拓片　　　　　　　　摹本

   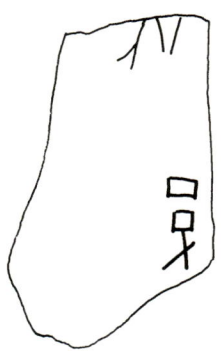

91 正　　　　　反　　　　　侧　　　　　拓片　　　　　摹本

   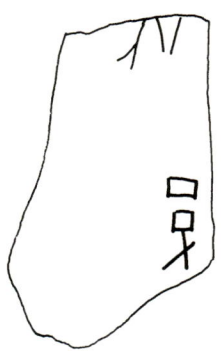

92 正　　　　　　　　反　　　　　　拓片（反）　　　　　摹本（反）

39

93 正　　　　　　　　　　　　反

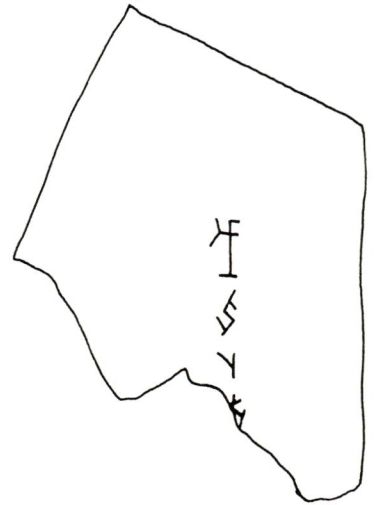

拓片（正）　　　　　　拓片（反）　　　　　　摹本

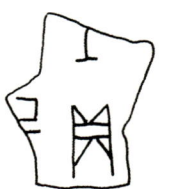

94 正　　　　　　反　　　　　　拓片　　　　　　摹本

95 正　　　反　　　拓片（正）　　拓片（反）　　摹本（正）　　摹本（反）

96 正　　　　　　　　反　　　　　　　　側（1）　　　　　　　　側（2）

拓片　　　　　　　　摹本

97 正　　　　　　　　反　　　　　　　　拓片　　　　　　　　摹本

98 正　　　　　　　　反　　　　　　　　側　　　　　　　　拓片　　　　　　　　摹本

99 正　　　　　　　　反　　　　　　　　拓片　　　　　　　　摹本

100 正　　　　　　　　反　　　　　　　　側

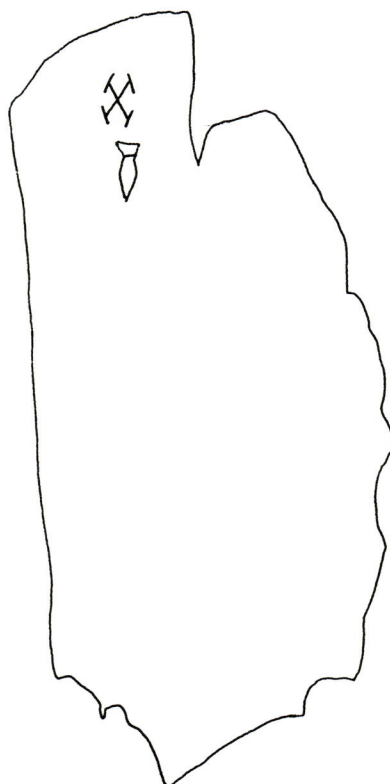

拓片　　　　　　　　　　　　　摹本

101 正　　　　　　　　反　　　　　　　　側

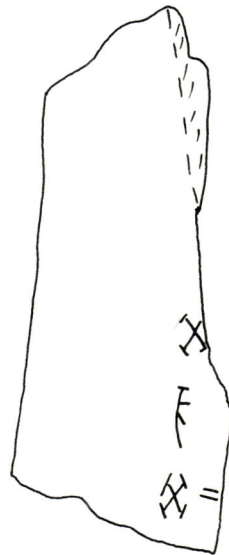

拓片　　　　　　　　　　　摹本

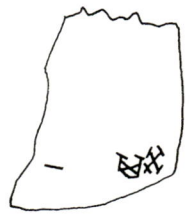

102 正　　　　　反　　　　　侧　　　　　拓片　　　　　摹本

103 正 　　　　反 　　　　拓片（正） 　　拓片（反） 　　摹本（正） 　　摹本（反）

104 正 　　　　　　反 　　　　　　拓片 　　　　　　摹本

105 正 　　　　　　　　　　　　反

 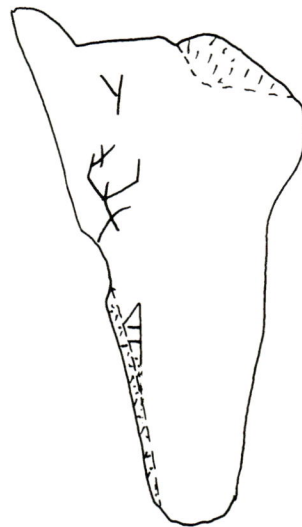

拓片 　　　　　　　　　　　摹本

44

106 正 反 拓片 摹本

107 正 反 侧 拓片 摹本

108 正 反 拓片 摹本

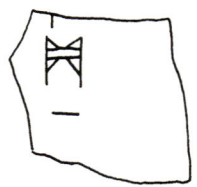

109 正 反 侧 拓片 摹本

110 正

反

側

拓片

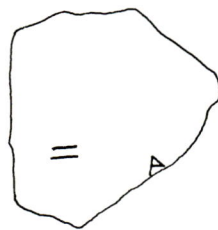

摹本

46

111 正

反

拓片（反）

摹本（反）

112 正

反

拓片

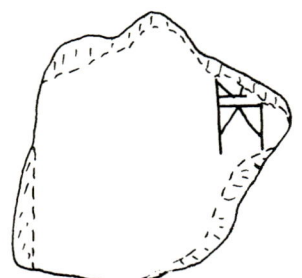

摹本

   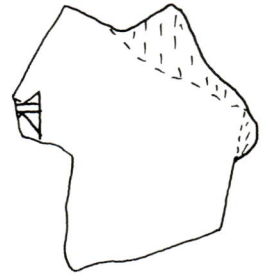

113 正 　　　　　反 　　　　　拓片 　　　　　摹本

   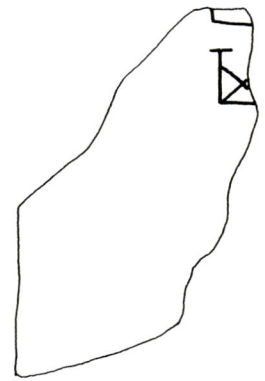

114 正 　　　　　反 　　　　　拓片 　　　　　摹本

115 正 　　　　　反 　　　　　拓片 　　　　　摹本

   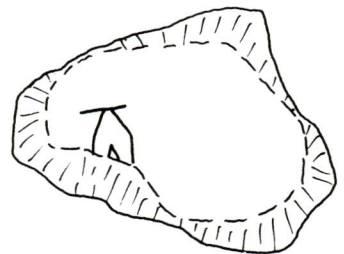

116 正 　　　　　反 　　　　　拓片 　　　　　摹本

117 正   反   拓片（正）   拓片（反）

摹本（正）   摹本（反）

118 正   反   側

拓片   摹本

第二期

119 正 　　　　　反 　　　　　拓片 　　　　　摹本

120 正 　　　　　反 　　　　　側

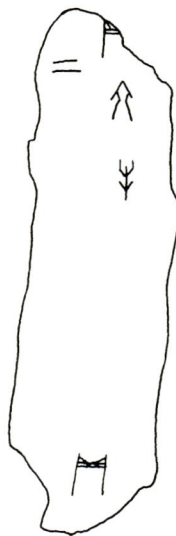

拓片 　　　　　摹本

121 正　　　　　　　　反　　　　　　　　側

拓片　　　　　　　　摹本

122 正　　　　　　　反　　　　　　　侧（1）　　　　　侧（2）

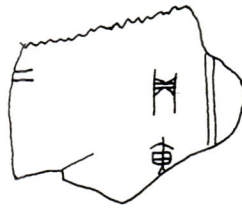

拓片　　　　　　　　摹本

123 正　　　　　　反　　　　　　侧　　　　　　拓片　　　　　　摹本

124 正　　　　　　　　反　　　　　　　　拓片　　　　　　　　摹本

125 正　　　　　　　　反　　　　　　　　拓片　　　　　　　　摹本

126 正　　　　　　　　反　　　　　　　　拓片　　　　　　　　摹本

127 正　　　　　　　　反　　　　　　　　拓片　　　　　　　　摹本

128 正　　　　　　　反　　　　　　　侧　　　　　　　拓片　　　　　　　摹本

129 正　　　　　　　反　　　　　　　拓片　　　　　　　摹本

130 正　　　　　　　反　　　　　　　拓片　　　　　　　摹本

   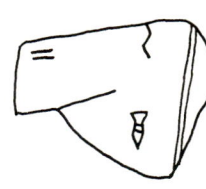

131 正　　　　　　　反　　　　　　　侧　　　　　　　拓片　　　　　　　摹本

第三期

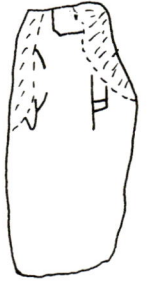

132 正　　　　　　反　　　　　　拓片（正）　　　　　拓片（反）　　　　　摹本

133 正　　　　　　反　　　　　　側　　　　　　拓片　　　　　　摹本

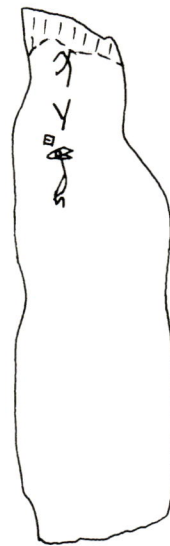

134 正　　　　　　　　反　　　　　　　　側

拓片　　　　　　　　　　摹本

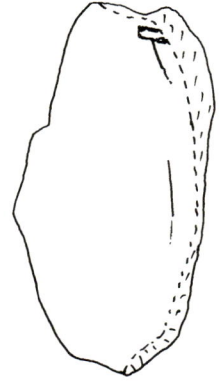

135 正　　　　　　　　反　　　　　　　　拓片　　　　　　　　摹本

136 正　　　　　　　　反　　　　　　　　拓片（反）　　　　　　　　摹本（反）

57

第四期

137 正　　　　　　　　　　反　　　　　　　　　　側

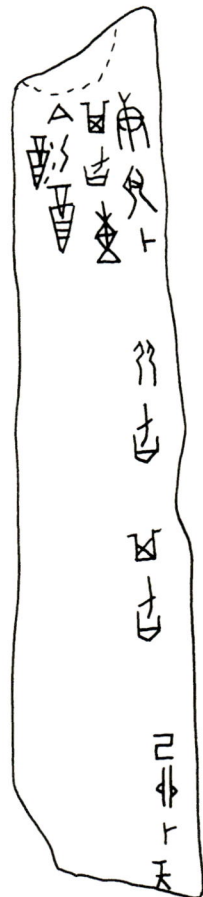

拓片　　　　　　　　　　　　摹本

138 正   反   侧

拓片   摹本

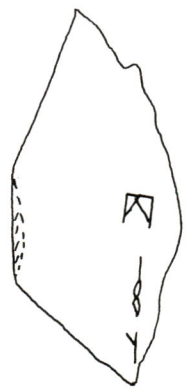

139 正   反   拓片   摹本

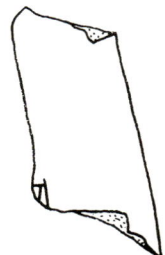

140 正   反   拓片   摹本

141 正　　　　　　　　　　　反

 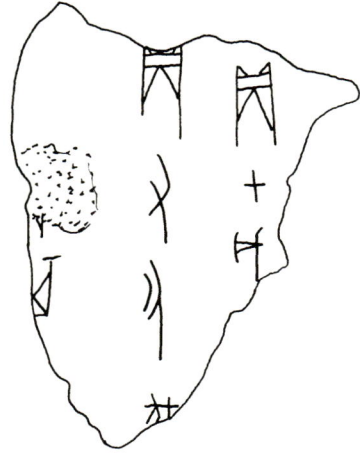

拓片　　　　　　　　　　　摹本

142 正　　　　　　　　　反　　　　　　　　　側

 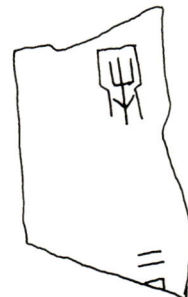

拓片　　　　　　　　　　　摹本

143 正　　　　反　　　　拓片（反）　　　　摹本（反）

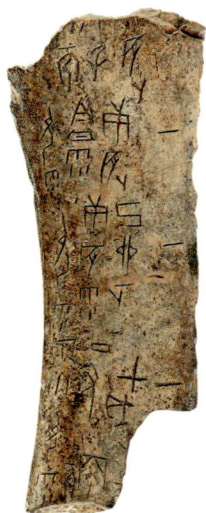  

144 正　　　　反　　　　側

 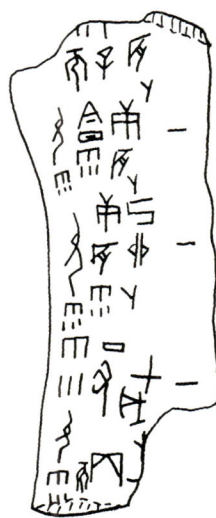

拓片　　　　摹本

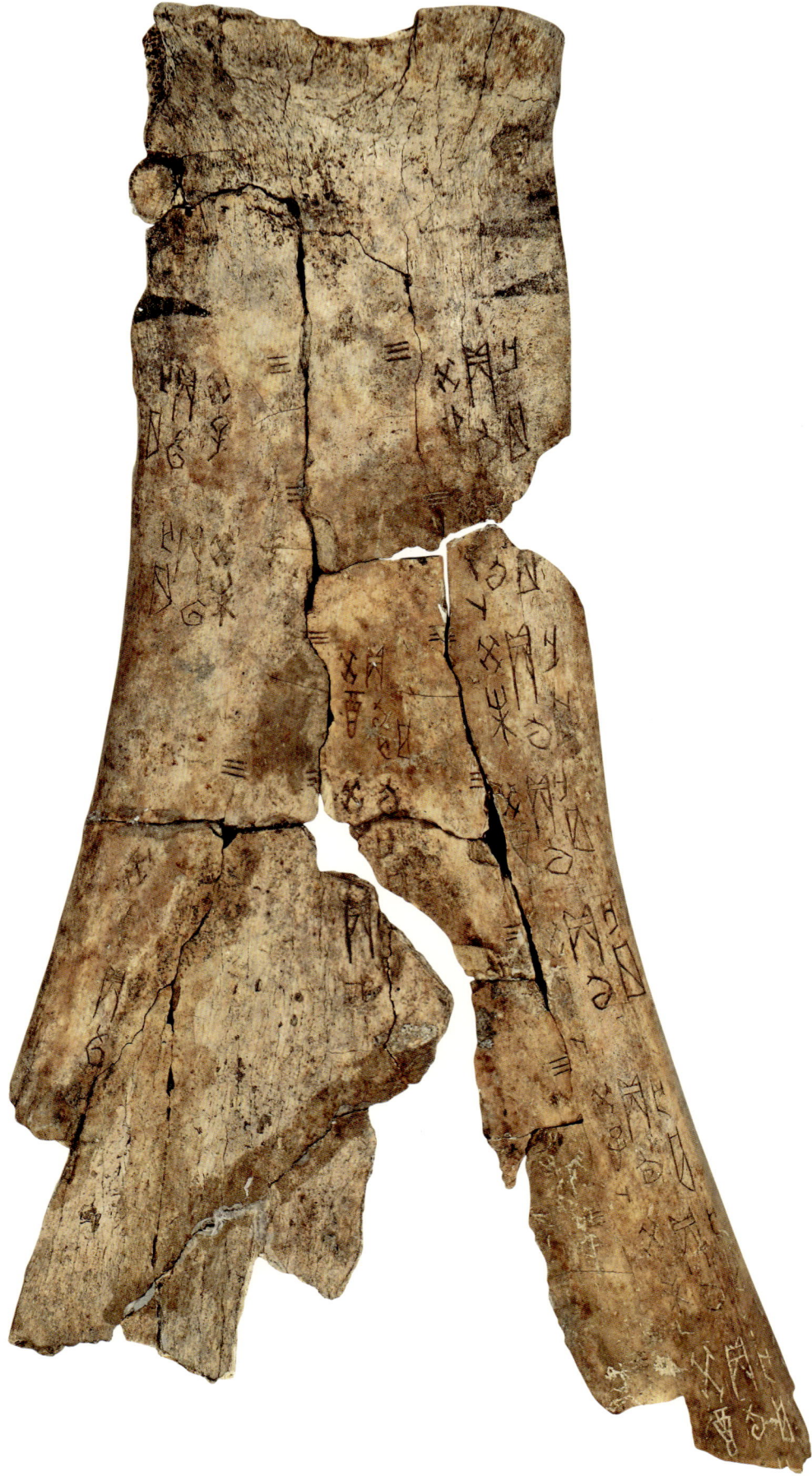

145 正

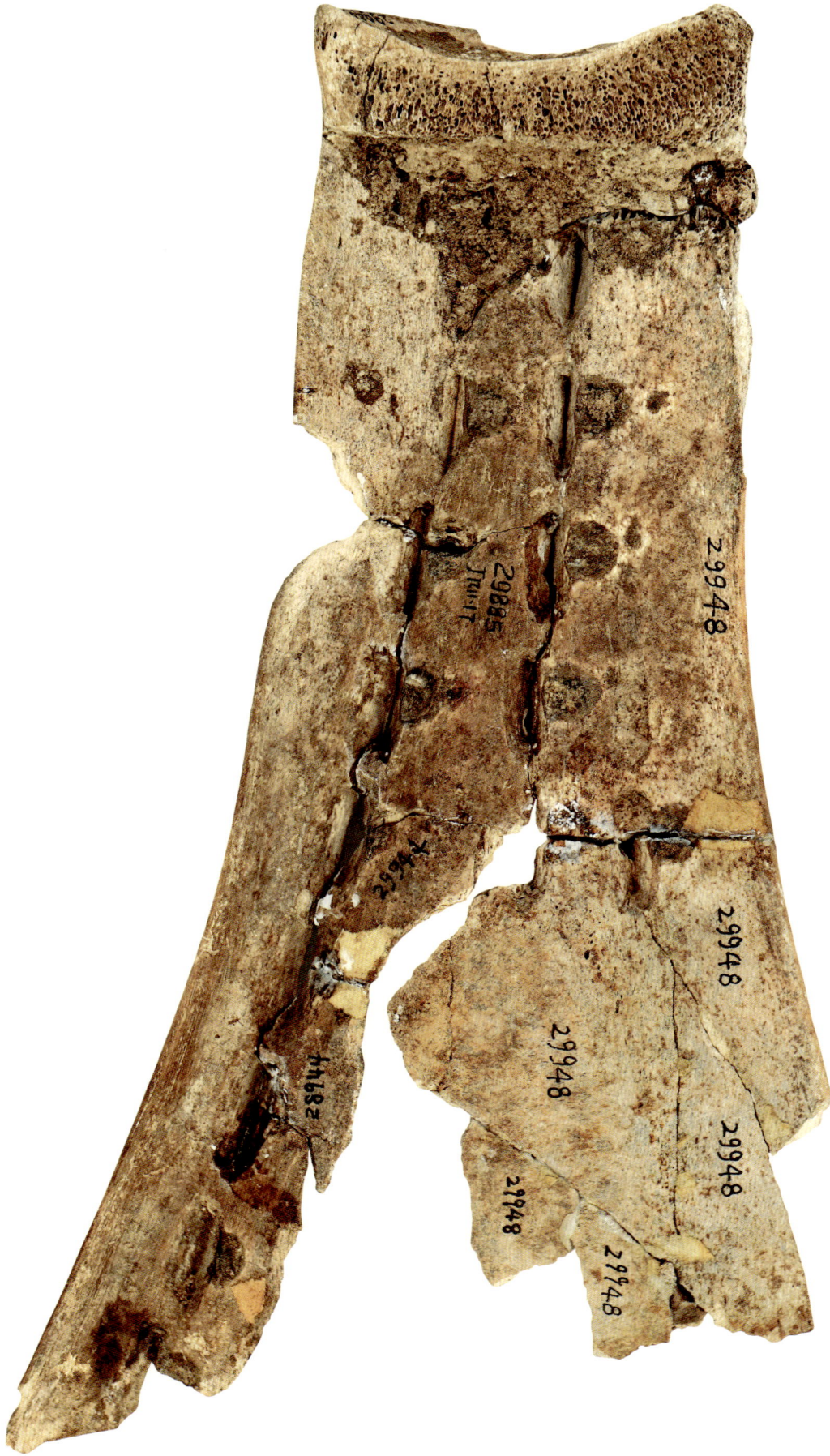

反

白

側（1）

側（2）

拓片

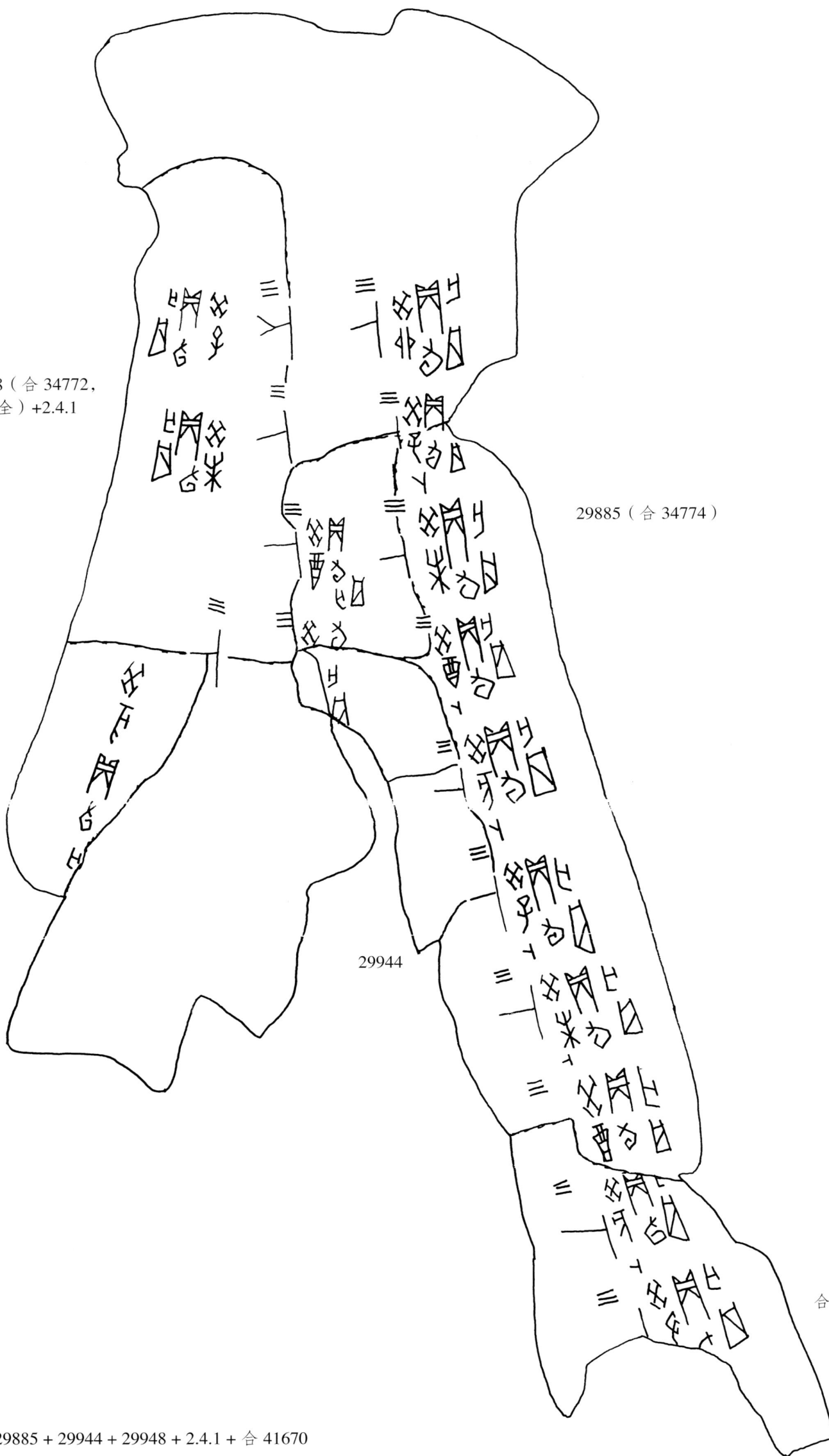

29948（合 34772，
不全）+2.4.1

29885（合 34774）

29944

合 41670（日滙 457）

29885 + 29944 + 29948 + 2.4.1 + 合 41670

摹本

 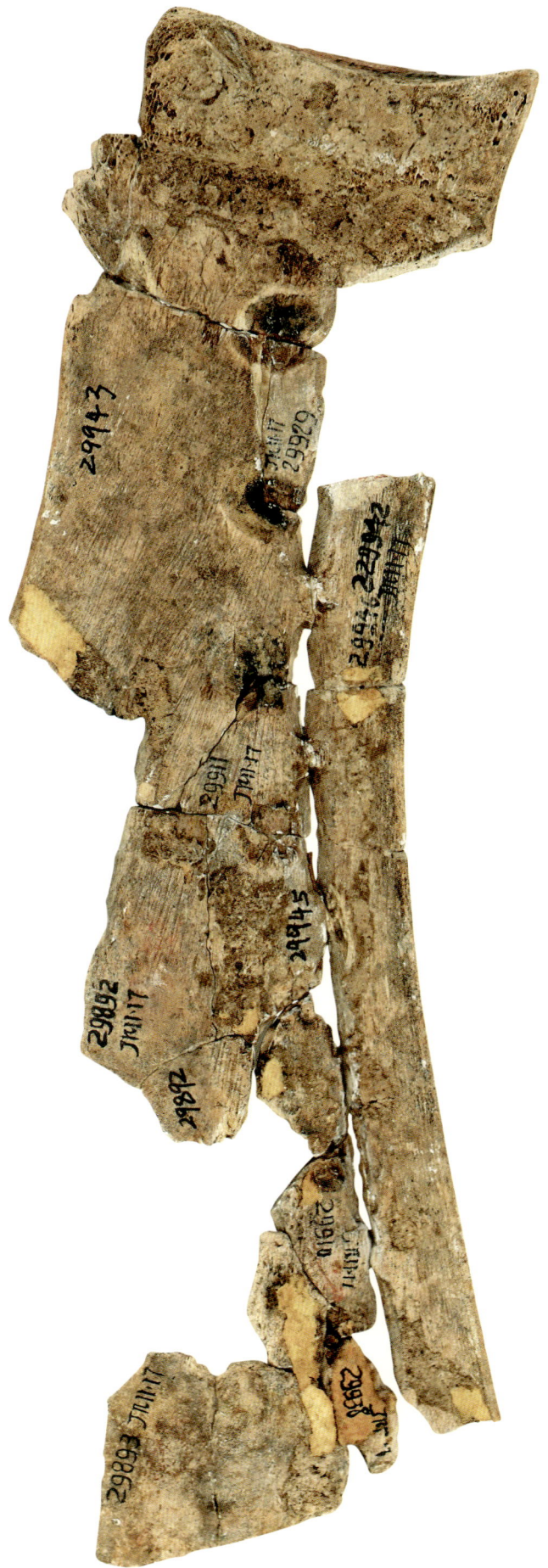

146 正　　　　　　　　　　　　　　　　　　　反

白

側（1）

側（2）

拓片

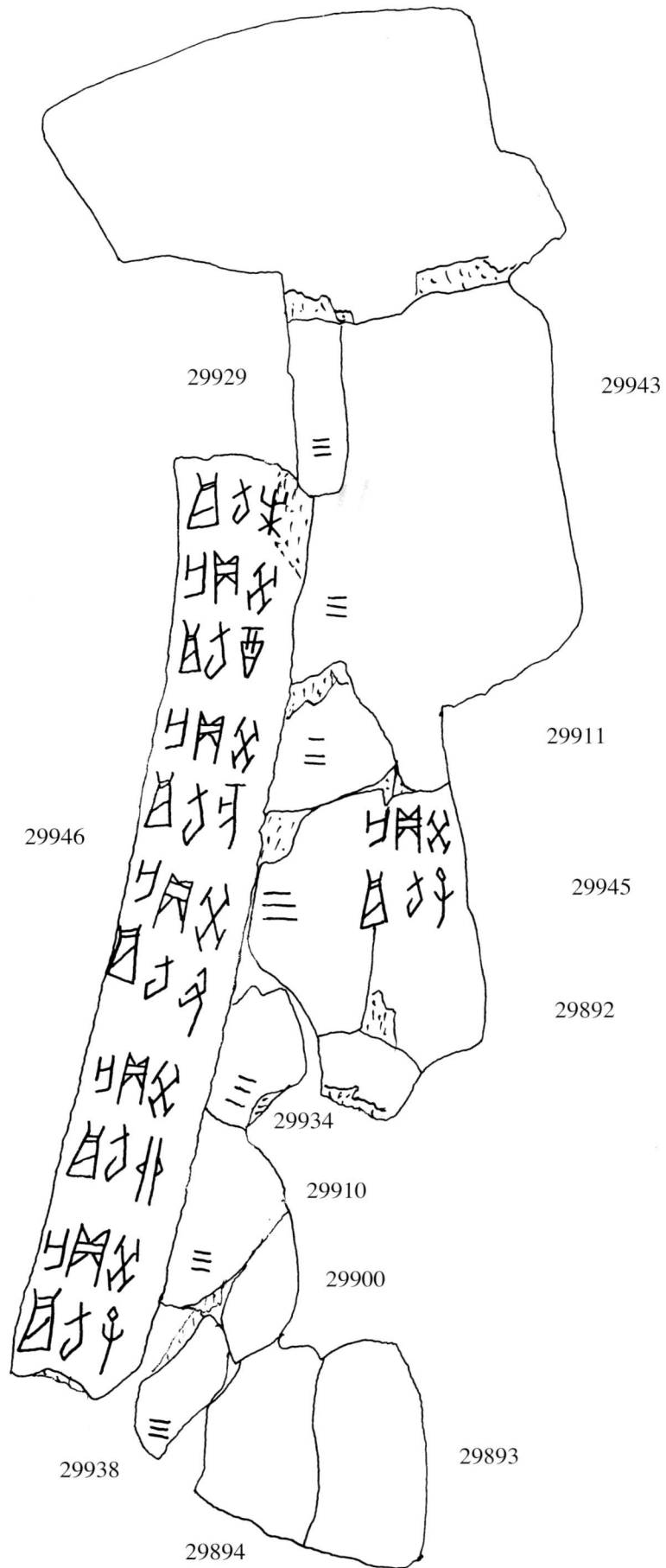

29929

29943

29946

29911

29945

29892

29934

29910

29900

29938

29893

29894

29892 + 29893 + 29894 + 29900 + 29910 + 29911 + 29929 +
29934 + 29938 + 29943 + 29945 + 29946

摹本

147 正   反   侧

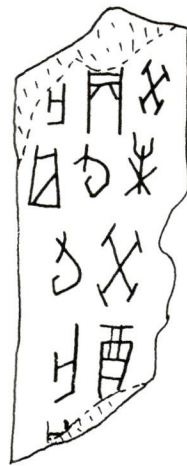

拓片   摹本

148 正　　　　反　　　　側　　　　拓片　　　　摹本

第 五 期

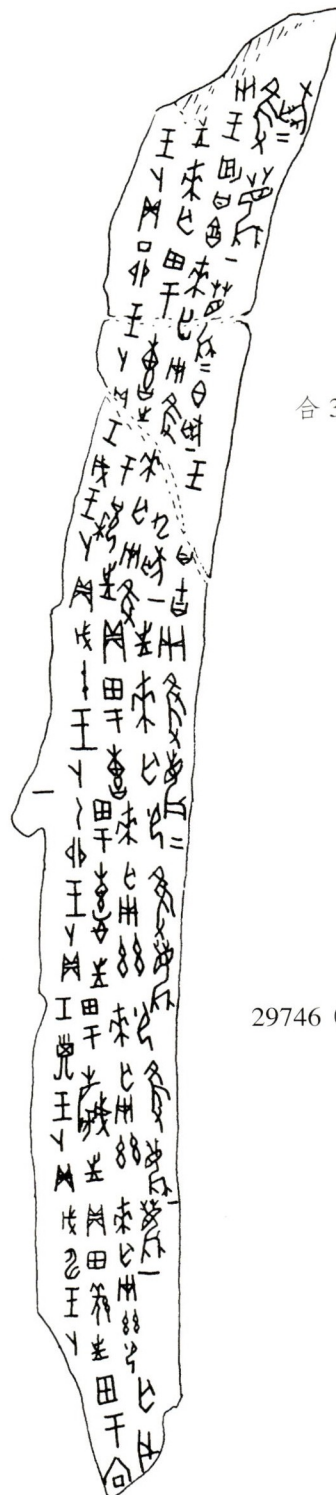

巴 25（法 21）

合 37499（粹 956）

29746（合 37416）

29746（合 37416）＋合 37499（粹 956）＋巴 25（法 21）

149 正　　　　　反　　　　　拓片　　　　　摹本

側

150 正 　　　　　　　　反 　　　　　　　　拓片

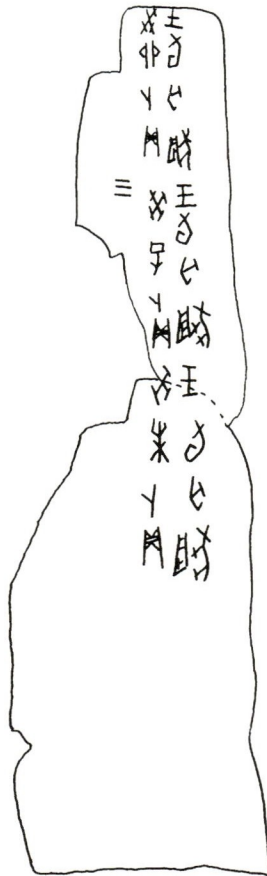

合 39104（續存上 2637）

29750（合 39133）

29750（合 39133）+ 合 39104（續存上 2637）

摹本

151 正   反

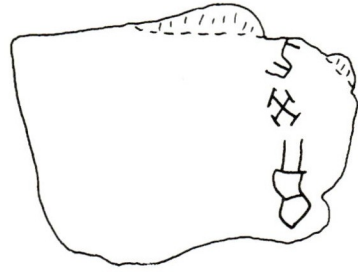

拓片   摹本

152 正   反   側

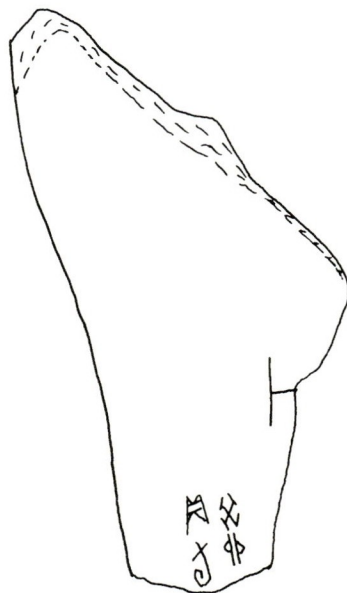

拓片   摹本

153 正 　　　　　　　　　　　　　　　　反

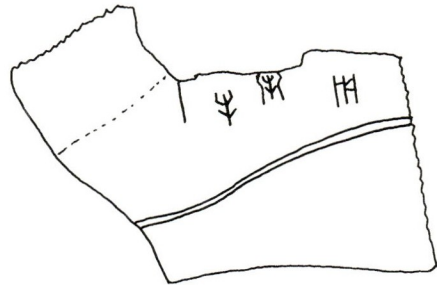

拓片 　　　　　　　　　　　　　　　　摹本

154 正 　　　　　　　反 　　　　　　　拓片 　　　　　　　摹本

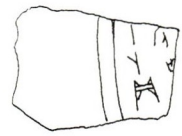

155 正 　　　　　　　反 　　　　　　　拓片 　　　　　　　摹本

156 正　　　　　　反　　　　　　拓片　　　　　　摹本

157 正　　　　反　　　　側　　　　拓片　　　　摹本

158 正　　　　　　反　　　　　　拓片　　　　　　摹本

159 正　　　　反　　　　側　　　　拓片　　　　摹本

160 正　　　　　反　　　　　拓片　　　　　摹本

161 正　　　　　反　　　　　側　　　　　拓片　　　　　摹本

162 正　　　　　反　　　　　拓片　　　　　摹本

163 正　　　　　反　　　　　側　　　　　拓片　　　　　摹本

164 正 反 拓片 摹本

82

165 正 反 拓片 摹本

166 正 反 拓片 摹本

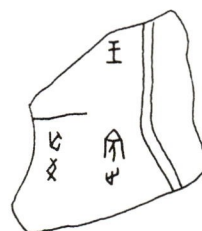

167 正 反 側 拓片 摹本

168 正　　　　　反　　　　　側　　　　　拓片　　　　　摹本

169 正　　　　　　　　　　　反

 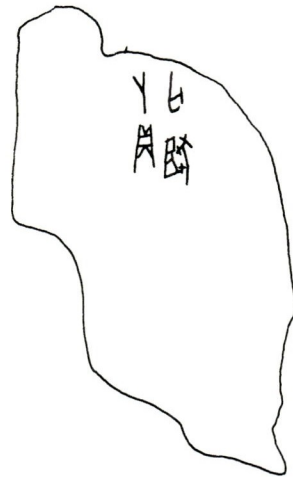

拓片　　　　　　　　　　　摹本

170 正　　　　　　　反　　　　　　拓片　　　　　摹本

171 正 　　　　　　 反 　　　　　　 拓片 　　　　　　 摹本

172 正 　　　　　　 反 　　　　　　 拓片 　　　　　　 摹本

173 正 　　　　　　 反 　　　　　　 拓片 　　　　　　 摹本

174 正 　　　　　　 反 　　　　　　 拓片 　　　　　　 摹本

175 正　　　　　　　　　　反　　　　　　　　　　拓片　　　　　　　　　　摹本

176 正　　　　　　　　　　反　　　　　　　　　　拓片　　　　　　　　　　摹本

177 正　　　　　　　　　　反　　　　　　　　　　拓片　　　　　　　　　　摹本

178 正　　　　　　　　　　反　　　　　　　　　　拓片　　　　　　　　　　摹本

附

録

無字甲骨

N1 正　　　　　　　　反　　　　　　　　側

白

拓片

N2 正　　　　　　　　　反　　　　　　　　　拓片

N3 正　　　　　　　　　反　　　　　　　　　拓片

N4 正　　　　　　　　　反　　　　　　　　　拓片

N5 正　　　　　　　　　反　　　　　　　　　拓片

N6 正　　　　　　　　反　　　　　　　　拓片

N7 正　　　　　　　　　　　　反

拓片

N8 正　　　　　　　　　反　　　　　　　　拓片（反）

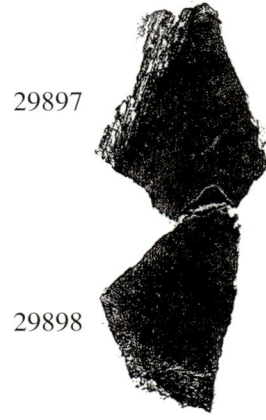

29897

29898

N9 正　　　　　　　　　反　　　　　　　　拓片（反）

N10 正　　　　　反　　　　　拓片（正）　　　　　拓片（反）

碎

甲

骨

Fr1 正　　　反　　　Fr2 正　　　反

Fr3 正　　　反　　　Fr4 正　　　反

Fr5 正　　　反　　　Fr6 正　　　反

Fr7 正　　　反　　　Fr8 正　　　反

偽片

F1 正　　　　　　　　　　　　　　　　反

拓片

F2 正　　　　　　　　　反　　　　　　　　拓片

F3 正　　　　　　　反　　　　　　　側　　　　　　　拓片

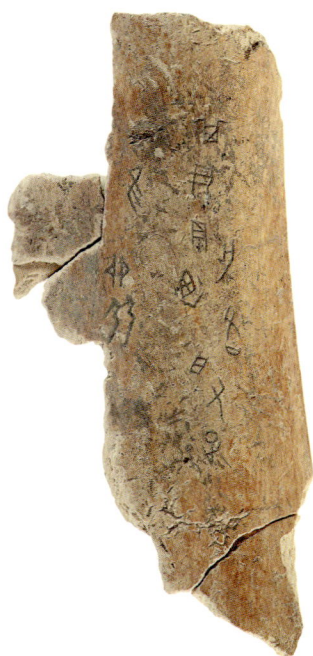   

F4 正　　　　　　　反　　　　　　　側　　　　　　　拓片

F5 正

反

拓片

F6 正　　　　　　　　　　　反

拓片

102

F7 正　　　　　　　　　　反　　　　　　　　　　側

拓片（正）

拓片（反）

F8 正 　　　　　　　　　　反 　　　　　　　　　　拓片

104

F9 正 　　　　　　　　　　反 　　　　　　　　　　側

拓片（正） 　　　　　　　　　　拓片（反）

F10 正　　　　　　　　　　　反　　　　　　　　　　　拓片

F11 正　　　　　　反　　　　　　側　　　　　　拓片

F12 正　　　　　　　　　　　反　　　　　　　　　　　拓片

釋

文

第一期

1 骨

館藏號：29967　著録情况[1]：合 14822

辛巳卜，□元示□。十三月。

己卯卜。

貞：元示五牛，二示三牛。

貞：𠂤歲日酌。十三月。

壬午。

貞：𠂤歲酌。十三月。一

貞：元示五牛，它示三牛。

填墨。+ 懷 898（合 14354）+ 合 14824（文擴 884）（裘錫圭《甲骨綴合拾遺》第 9 組，《古文字研究》第 18 輯）。

2 龜

館藏號：29988　著録情况：合 908

癸丑［卜］，翌甲［寅］㞢于大甲，𡆥三牛，𠕋卅宰，伐十。

乙卯卜，王，甶丁巳步。

□卅□𡆥□。

填墨。

3 骨

館藏號：29745　著録情况：合 2837

貞：𠂤般亡囚。

隹娃

貞：帚往于妣庚，不隹娃。二

雨。二　二告

貞：𠂤般其㞢囚。二

貞：翌乙巳不雨。二

填墨。

4 龜

館藏號：29918

□□母庚　一

填墨。"庚"字缺刻横劃。

5 骨

館藏號：29759

□妣□。

一

一

骨面有一長劃道，非字。

6 骨

館藏號：29912

□□㞢□□辛□。

填墨。

7 龜

館藏號：29913

□翌丁□□帚□□。

填墨。

8 骨

館藏號：29923

貞：勿［咸］𢀛丁（祊？）宗。

據合 13537 正"貞：勿咸𢀛丁（祊？）宗"補"咸"。合 13536 正 + 合 3664 + 合 6158（劉影綴）、《天理》B053"貞：咸𢀛丁（祊？）宗"對文。𢀛是一個與建築工程技術有關的用語，初誼當指建房過程中與布構楝椽、覆蓋茅草封頂的建築工程技術工序有關的詞（見宋鎮豪《甲骨金文中所見的殷商建築稱名》，《甲骨文與殷商史》新 3 輯，上海古籍出版社，2013 年）。

9 骨

館藏號：29989

□□□好亯。

涂朱填墨。

10 正反　龜

館藏號：29980

□于□乙□。　一（正）

妣甲。（反）

正面涂朱。

11 骨

館藏號：29788

□射子□。

□雀亡□。

填墨。

12 骨

館藏號：29792

丁酉卜，□厚□

□□□。

填墨。

[1] 這裏主要指在《甲骨文合集》、《甲骨文合集補編》中的著録情况。

13 骨
　　館藏號：29968
貞：□□□。
貞：宙㝷爲。
貞：勿爲。
［貞］：勿［爲］㝷。
　　　填墨。

14 骨
　　館藏號：29777
□三宰。

15 骨
　　館藏號：29787
□□□歲□。

16 骨
　　館藏號：29936
□鈝□□□。
　　　填墨。

17 骨
　　館藏號：29950
□其㞢□。
　　　填墨。

18 龜
　　館藏號：58555
□未［卜］，爭□㞢□□□。
　　　填墨。

19 龜
　　館藏號：29973
□貞：勿□㞢□。
　　　填墨。

20 骨
　　館藏號：29949
□□□，殻貞：粜□。

21 正反　龜
　　　　館展卜龜　　著錄情況：合補4298
庚午卜，殻貞：鈝□。一 二 三 四
庚午卜，殻□。一 二 三 不害龜（正）
王固曰：□。（反）
　　　　正面涂朱。

22 骨
　　館藏號：2.1.3

□□□戠□。十一月。
　　　填墨。

23 正反　龜
　　館藏號：29773
□王□□。十一月。
□□□。
一（正）
□以十。（反）
　　　　正面、反面填墨。反面甲橋刻辭。

24 龜
　　館藏號：29976　　著錄情況：合4472
己亥邑□。（反）
　　　甲橋刻辭。

25 正反　骨
　　館藏號：29951　　著錄情況：合補5472正反
一 一 二 二 小告（正）
毚來。（反）
　　　　正面填墨。

26 龜
　　館藏號：29966　　著錄情況：合8672
丙午卜，㝷貞：令犬荳眔麋見（視）方。一
貞：［勿］令［犬］荳眔麋。八月。
　　　　涂朱。＋合補1327＋殷遺41（方稚松、何
　　會綴）。

27 龜
　　館藏號：29956
□令□。

28 正反　龜
　　館藏號：29789
辛□叔□。（正）
□來□。（反）
　　　　正面填墨，反面涂朱。

29 骨
　　館藏號：29768
往［于］㪔。
□□□□□。
　　　填墨。

30 正反　骨
　　館藏號：29747
小告
二

二（正）

于羣。（反）

正面填墨。

31 龜

館藏號：29920

☒☒☒☒得☒。一

填墨。

32 骨

館藏號：29958

☒☒喪☒。

填墨。

33 正反　龜

館藏號：30000

☒卬（孚）。二（正）

庚辰☐☐☒。（反）

反面填墨。

34 龜

館藏號：58553　　著錄情況：合 10570、合補 2558

☒貞：其☒田禽☒。

填墨。

35 龜

館藏號：29790

☒受年。

填墨。

36 骨

館藏號：衛 13

辛卯卜，今日征雨。

37 骨

館藏號：29771

貞：其莫雨。

38 龜

館藏號：29996

壬☒貞：不☒。

☒其雨。

填墨。

39 龜

館藏號：29793

☒丁☒雨☒。

填墨。

40 正反　龜

館藏號：29942

☒［雨］。（正）

［王］固［曰］：隹☐☒。（反）

正面、反面填墨。

41 龜

館藏號：29904

［癸］巳卜，［呂］貞：旬亡囚。

填墨。

42 龜

館藏號：29902

☒夕☒囚。

☒貞：不☒。一

填墨。

43 正反　龜

館藏號：29909

☒求（咎）☒。二（正）

☒北☒。（反）

正面填墨。

44 骨

館藏號：29751

☒☒☒［舌］☒。

填墨。

45 骨

館藏號：29785

☒酓曾☒。

填墨。

46 龜

館藏號：29963

丁酉卜，☒虎☐☐☒。

47 龜

館藏號：29795

☒☐丙☒。

涂朱。

48 骨

館藏號：29955　　著錄情況：合 7749

貞：☒出☒以☒。

戊其戎。

☒雨。

填墨。

111

49　龜
　　館藏號：29926
□⊕□戍。

50　正反　骨
　　館藏號：29954
□沚䓪□［屮］又。六月。（正）
□［隹］丙不吉。（反）

51　骨
　　館藏號：29971
□沚□。

52　龜
　　館藏號：2.1.2
□弗其□［伐］土□。一
　　　塗朱。

53　龜
　　館藏號：29922
勿☒。二

54　骨
　　館藏號：29796
貞：□隹囚。
　　　"貞"字拓片不顯，見照片。

55　龜
　　館藏號：29927
□□亡疾。
　　　填墨。

56　骨
　　館藏號：29749
三　不舍黽
　　　填墨。

57　正反　骨
　　館藏號：29757
不舍黽　二告（正）
貞：于□。（反）
　　　正面填墨。

58　骨
　　館藏號：29994
［不］舍黽
　　　填墨。

59　正反　骨
　　館藏號：29761

七
小告（正）
桒。
勿□。（反）
　　　正面填墨

60　骨
　　館藏號：29786
小告
　　　填墨。

61　龜
　　館藏號：29977
小告

62　骨
　　館藏號：29995
［小］告
　　　填墨。

63　正反　龜
　　館藏號：58554
小告（正）
其囚。（反）
　　　正面填墨。

64　正反　骨
　　館藏號：29780
一　二　二告
一　二告（正）
□母□□。（反）

65　骨
　　館藏號：29763
一　二告

66　骨
　　館藏號：58560
一　二告

67　骨
　　館藏號：29779
一
一　二告

68　骨
　　館藏號：29791
二告
　　　塗朱。

69 骨
　　館藏號：29794

二

二告

70 正反　骨
　　館藏號：29982

二

二告（正）

王□□。（反）

　　　　反面涂朱。

71 骨
　　館藏號：29998

二　二告

72 骨
　　館藏號：58551

二

二告

　　　　填墨。

73 骨
　　館藏號：29755

［癸］□。一

一

一

　　　　填墨。

74 骨
　　館藏號：29939

一

□（辛）□。一

　　　　填墨。

75 龜
　　館藏號：29940

二

76 正反　龜
　　館藏號：58547

三

五（正）

□蚩（害）。（反）

　　　　“五”橫置。

77 龜
　　館藏號：29905

六

78 正反　龜
　　館藏號：29932

八（正）

王□。（反）

　　　　正面填墨。

79 正反　骨
　　館藏號：29999

二（正）

□午□。一月。（反）

　　　　反面填墨。

80 正反　骨
　　館藏號：29855

一

□□□。五月。（正）

貞：□。（反）

　　　　正面、反面填墨。

81 骨
　　館藏號：29753

□□。七月

　　　　填墨。殘字从止。

82 骨
　　館藏號：58557

□□□。十月。

83 骨
　　館藏號：29972

十二月。

84 骨
　　館藏號：29987

甲寅□□□从□。

85 正反　骨
　　館藏號：29933

三　二告（正）

甲□。（反）

86 龜
　　館藏號：58549

甲□不□□□。

　　　　正面填墨。

87 龜
　　館藏號：29915

乙□貞：□。

88 正反　骨
　　館藏號：29891
丙□貞：□。（正）
　　　　填墨。

89　骨
　　館藏號：29767
丁丑□。四
　　　　填墨。

90　骨
　　館藏號：29798
丁［未］□
　　　　填墨。

91　龜
　　館藏號：29959
丁巳□。

92 反　骨
　　館藏號：29992
丁巳□。
□□□。（反）

93 正反　骨
　　館藏號：29991
戊申卜，［殻］□。（正）
□□□。（反）

94　龜
　　館藏號：29917
己□貞：□。
□□□。

95 正反　龜
　　館藏號：29931
二（正）
己□。（反）

96　龜
　　館藏號：29797
□［庚］□戊□夕□。
三
　　　　涂朱，序數填墨。

97　骨
　　館藏號：58556
庚□三□。
　　　　填墨。

98　龜
　　館藏號：29997
壬辰□。
　　　　填墨。

99　骨
　　館藏號：29969
壬子□。
　　　　涂朱。

100　骨
　　館藏號：29748
癸酉。
　　　　涂朱。

101　骨
　　館藏號：29990
癸□。二
癸亥。

102　龜
　　館藏號：29981
癸□其□。一
　　　　反面涂朱。

103 正反　龜
　　館藏號：29974
□貞：□。（正）
癸□。（反）
　　　　正面填墨。

104　骨
　　館藏號：2.1.1
□□［卜］，宁貞：□□□。

105　骨
　　館藏號：29953
□□卜，爭貞：□。
　　　　填墨。

106　龜
　　館藏號：29908
□爭□。
　　　　填墨。

107　龜
　　館藏號：29937
□貞：□不□。一

108　龜

　　　館藏號：58559

□□（巳）卜，□貞：☑。

　　　　填墨。

109　龜

　　　館藏號：58561

□□貞：☑。一

110　骨

　　　館藏號：29765

［貞］：☑。二

111 反　龜

　　　館藏號：29935

貞：□☑。（反）

　　　　填墨。

112　骨

　　　館藏號：29800

□貞：☑。

113　骨

　　　館藏號：29889

貞：☑。

114　龜

　　　館藏號：58548

□在☑。二

115　骨

　　　館藏號：29983

□□其☑。

116　骨

　　　館藏號：29762

☑百☑。

117 正反　龜

　　　館藏號：29919

□□□。

一（正）

☑來☑。（反）

118　骨

　　　館藏號：29782

之（？）羊

　　　　涂朱。習刻。

第二期

119　骨

　　　館藏號：W15

□辰卜，即［貞］：王宫枼☑。

120　骨

　　　館藏號：29778　　著錄情況：合 24509

貞：☑。

貞：六牛。二

121　龜

　　　館藏號：2.2.1

貞：黃☑。二

　　　　涂朱。

122　龜

　　　館藏號：29906

一

貞：由□（吉）。

　　　　填墨。

123　龜

　　　館藏號：29984

□（癸）未卜，□（貞）：旬［亡］囚。一

124　龜

　　　館藏號：29924

癸□□，大☑。

□□卜，大☑亡囚。

125　骨

　　　館藏號：29960

☑亡尤。

126 正反　龜

　　　館藏號：29914　　著錄情況：合 23806

□［亥］王卜，［貞］：☑征。十二月。（正）

☑十☑。（反）

127　龜

　　　館藏號：29907

□亥卜，王☑。

128　龜

　　　館藏號：2.2.2

壬□王☑。四

129　龜

　　　館藏號：29901

☑王。

130　龜
　　　館藏號：29930
癸酉［卜］，大［貞］：☑。
　　　　　填墨。

131　龜
　　　館藏號：2.2.3
乙酉☑。二

第三期

132　龜
　　　館藏號：29764
☑孚☑。
☑☑☑。
　　　　　填墨。

133　骨
　　　館藏號：29784
☑［宀］☑☑。
☑☑☑。

134　骨
　　　館藏號：29781
□丑卜，暊☑。

135　龜
　　　館藏號：29941
丁巳☑貞：☑亡☑。一
　　　　　填墨

136反　骨
　　　館藏號：29888
☑☑。（反）
　　　　右邊中間有一豎劃痕，非字。

第四期

137　骨
　　　館藏號：29882　　　著録情況：合 31068
己卯卜，王☑。
其舌。
弜舌。
庚辰卜，其舌，叀今乙酉酉彡。

138　骨
　　　館藏號：29886　　　著録情況：合 30860
叀庚申彡。
叀庚午彡。
　　　　　填墨。

139　骨
　　　館藏號：29887
丙午卜，☑。
　　　　　填墨。

140　骨
　　　館藏號：29895
☑☑☑。

141　骨
　　　館藏號：29776
☑貞：甲戌☑。
☑貞：又伐☑。
☑［貞］：☑其☑。
　　　　　填墨。

142　骨
　　　館藏號：29783
二［牢］。
☑牢。

143反　龜
　　　館藏號：29890
☑弗蚩（害）。（反）
　　　　　填墨。

144　骨
　　　館藏號：29884　　著録情況：合 33874
□甲□□（卜），丙［子］□（雨）。不□（雨）。一
甲戌卜，丁丑雨。允雨。一
己卯卜，庚辰雨。允雨。一
庚辰卜，今日雨。允雨。一
［庚］辰卜，［辛］巳［雨］。不□（雨）。
　　　　　填墨。

145　骨
　　　館藏號：29885　　　著録情況：合 34772 + 34774，不全
癸□貞：旬亡囚。三
癸酉貞：旬亡囚。三
癸亥貞：旬亡囚。三
癸未貞：旬亡囚。三
癸巳貞：旬亡囚。三
癸丑［卜］，貞：旬亡囚。三

癸亥卜，貞：旬亡囚。三
癸酉貞：旬亡囚。三
癸未卜，貞：旬亡囚。三
癸巳卜，貞：旬亡囚。三
癸亥卜，貞：旬亡囚。三
癸酉卜，貞：旬亡囚。三
癸未貞：旬亡囚。三
癸巳卜，貞：旬［亡］囚。三
癸卯貞：旬亡囚。三
　　　　填墨。+ 29944 + 29948 + 2.4.1 + 合 41670
（日滙 457）（趙鵬、劉義峰綴，蔡哲茂《甲骨
綴合續集》第 481 組）。

146　骨
　　　館藏號：29892　　著録情況：合 34869 + 34893，不全
癸巳貞：旬亡囚。
三
癸巳貞：旬亡囚。三
癸卯貞：旬亡囚。三
癸丑貞：旬亡囚。三
癸亥貞：旬亡囚。三
癸酉貞：旬亡囚。三
［癸］未［貞］：旬［亡］囚。三
　　　　填墨。+ 29893 + 29894 + 29900 + 29910 +
29911 + 29929 + 29934 + 29938 + 29943 + 29945 +
29946（趙鵬、方偉、劉義峰綴）。

147　骨
　　　館藏號：29883　　著録情況：合 34754
癸酉［貞］：旬亡［囚］。
癸未貞：旬亡囚。
　　　　填墨。

148　骨
　　　館藏號：29947　　著録情況：合 34725
壬戌貞：癸亡囚。
甲午貞：乙亡囚。一
乙未貞：丙亡囚。一
丙申貞：丁亡囚。一
己亥貞：庚亡囚。一
庚子貞：辛亡囚。
辛丑貞：壬亡囚。
［壬］寅［貞：癸亡囚。］

第五期

149　骨
　　　館藏號：29746　　　　　著録情況：合 37416

□田于宮□亡災□□□。
戊申王卜，貞：田羌，往來亡災。兹卬（孚）。鹿一。
壬子王卜，貞：田于獻，往來亡災。兹卬（孚）。隻鹿一。
乙卯王卜，貞：田于喜，往來亡災。兹卬（孚）。隻鹿。一
戊午王卜，貞：田于書，往來亡災。隻鹿二。一
壬戌王卜，貞：田于礼，往來亡災。隻鹿九，狐一。王曰：吉。
丁卯王卜，貞：田于書，往來亡災。隻鹿二，白狐一。
□□王卜，［貞：田于□］，往來亡災。王曰：吉。隻鹿一，狐二。
　　　　+ 巴黎 25（法 21）+ 合 37499（粹 956、善 6859）（張宇衛綴，《胛骨綴合十五例》，《臺大中文學報》第 39 期，2012 年）。

150　骨
　　　館藏號：29750　　著録情況：合 39133
癸未卜，貞：王旬亡畎。
癸巳卜，貞：王旬亡畎。三
癸卯卜，貞：王旬亡畎。
　　　　塗朱。+ 合 39104（續存上 2637）（門藝綴，《殷墟黃組甲骨刻辭的整理與研究》第 16 組，中國社會科學院歷史研究所先秦史研究室網站）。

151　骨
　　　館藏號：29752
□□申 癸酉。
　　　　習刻。

152　骨
　　　館藏號：29756　　著録情況：合 39202
癸卯□貞：旬□。

153　龜
　　　館藏號：29774　　著録情況：合 37278
［其］牢［又一］牛。［兹］用。

154　骨
　　　館藏號：29799
□子 乙丑

155　龜
　　　館藏號：29916
□午卜，貞：□室□。

156　龜
　　　館藏號：29925

叀☐。
☐牛。
其［牢］又［一牛］。 二
　　　　填墨。

157　龜
　　　館藏號：29928
戠牛。
　　　　　填墨。

158　骨
　　　館藏號：29952　著録情況：合39207
☐貞：☐亡𤰃。
　　　　　塗朱。

159　龜
　　　館藏號：29957　　著録情況：合38435
☐貞：☐叔☐。

160　龜
　　　館藏號：29961　　著録情況：合38964
癸☐亡☐。
［癸］酉卜，永［貞］：旬［亡］𤰃。

161　龜
　　　館藏號：29962
☐今夕雨。

162　龜
　　　館藏號：29964　　著録情況：合35594
甲午卜，貞：王宾小甲歲，亡尤。

163　龜
　　　館藏號：29965　　著録情況：合36208
辛巳卜，貞：王宾大甲爽妣辛翌日，亡尤。
☐☐☐。
　　　　　填墨。

164　龜
　　　館藏號：29970
☐子［卜］，☐𡧤［貞］：☐。
　　　　　填墨。

165　龜
　　　館藏號：29975
☐在☐［貞］：王☐𤰃。

166　龜
　　　館藏號：29978　　著録情況：合38700

☐王宾☐亡尤。
　　　　　填墨。

167　龜
　　　館藏號：29979　　著録情況：合38157
［壬］寅卜，貞：不雨。
　　　　　填墨。

168　骨
　　　館藏號：29985　　著録情況：合39138
癸巳卜，貞：王旬亡𤰃。
　　　　　填墨。

169　骨
　　　館藏號：29993　　著録情況：合39209
☐☐卜，貞：☐亡𤰃。
　　　　　填墨。

170　龜
　　　館藏號：58550　　著録情況：合38699
☐王宾☐亡尤。

171　龜
　　　館藏號：58552
叀［物］。
［其牢又］一牛。
　　　　　填墨。

172　龜
　　　館藏號：58558
貞：☐。
☐［宾］☐。
　　　　　填墨。

173　龜
　　　館藏號：2.2.4
☐大乙，亡［𤰃］。

174　骨
　　　館藏號：29865（1）
一

175　骨
　　　館藏號：29865（2）
一（？）

176　骨
　　　館藏號：29865（3）
☐☐☐☐。

177 龜
　　館藏號：29903
□□□。

178 骨
　　館藏號：29921
□□□□。
□□□□□。

附録一　無字甲骨

N1 骨
　　館藏號：58546

N2 骨
　　館藏號：29758

N3 骨
　　館藏號：29760

N4 骨
　　館藏號：29766

N5 骨
　　館藏號：29769

N6 骨
　　館藏號：29772

N7 骨
　　館藏號：29775

N8 反 龜
　　館藏號：29896

N9 反 骨
　　館藏號：29897 + 29898

N10 正反 龜
　　館藏號：29899

附録二　碎甲骨

Fr1 甲骨
　　館藏號：29865（4）

Fr2 甲骨
　　館藏號：29865（5）

Fr3 甲骨
　　館藏號：29865（6）

Fr4 甲骨
　　館藏號：29865（7）

Fr5 甲骨
　　館藏號：29865（8）

Fr6 甲骨
　　館藏號：29865（9）

Fr7 甲骨
　　館藏號：29865（10）

Fr8 甲骨
　　館藏號：29865（11）

附録三　僞片

F1 骨
　　館藏號：29754　　著録情況：合 34068
帚

F2 骨
　　館藏號：29986

F3 龜
　　館藏號：2.2.5 + W18
　　　（趙鵬綴）

F4 骨
　　館藏號：2.2.6 + W8 + W9
　　　（趙鵬綴）

F5 龜
　　館藏號：2.2.7 + W1 + W2
　　　（趙鵬綴）

F6 龜
　　館藏號：3.1

F7 正反 骨
　　館藏號：W3 + W4
　　　（趙鵬綴）

F8 骨
　　館藏號：W5 + W6 + W7
　　　（趙鵬綴）

F9 正反　骨

　　館藏號：W10 + W11 + W12

　　　　（趙鵬綴）

F10　龜

　　館藏號：W13 + W14

　　　　（趙鵬綴）

F11　龜

　　館藏號：W16

F12　龜

　　館藏號：W17

检索表

表一　重慶三峽博物館藏甲骨著録一覽表

新編號	館藏號	合、合補著録號	分期	材質	組類	備　　注
1	29967	合 14822	一	骨	賓組	填墨。＋懷 898（合 14354）＋合 14824（文攈 884）（裘錫圭《甲骨綴合拾遺》第 9 組,《古文字研究》第 18 輯）。
2	29988	合 908	一	龜	賓組	填墨
3	29745	合 2837	一	骨	賓組	填墨
4	29918		一	龜	賓組	填墨。"庚"字缺刻橫劃。
5	29759		一	骨	賓組	骨面有一長劃道,非字。
6	29912		一	骨	賓組	填墨
7	29913		一	龜	賓組	填墨
8	29923		一	骨	賓組	
9	29989		一	骨	賓組	涂朱填墨
10	29980 正反		一	龜	賓組	正面涂朱
11	29788		一	骨	賓組	填墨
12	29792		一	骨	賓組	填墨
13	29968	合 15183	一	骨	賓組	填墨
14	29777		一	骨	賓組	
15	29787		一	骨	賓組	
16	29936		一	骨	賓組	填墨
17	29950		一	骨	賓組	填墨
18	58555		一	龜	賓組	填墨
19	29973		一	龜	賓組	填墨
20	29949		一	骨	賓組	
21	館展卜龜正反	合補 4298	一	龜	賓組	正面涂朱
22	2.1.3		一	骨	賓組	填墨
23	29773 正反		一	龜	賓組	正面、反面填墨。反面甲橋刻辭。
24	29976 反	合 4472	一	龜	賓組	甲橋刻辭
25	29951 正反	合補 5472 正反	一	骨	賓組	正面填墨
26	29966	合 8672	一	龜	賓組	涂朱。＋合補 1327＋殷遺 41（方稚松、何會綴）。
27	29956		一	龜	賓組	
28	29789 正反		一	龜	賓組	正面填墨,反面涂朱
29	29768		一	骨	賓組	填墨
30	29747 正反		一	骨	賓組	正面填墨

新編號	館藏號	合、合補著録號	分期	材質	組類	備　　注
31	29920		一	龜	賓組	填墨
32	29958		一	骨	賓組	填墨
33	30000 正反		一	龜	賓組	反面填墨
34	58553	合 10570、合補 2558	一	龜	賓組	填墨
35	29790		一	龜	賓組	填墨
36	衛 13		一	骨	白賓	
37	29771		一	骨	賓組	
38	29996		一	龜	賓組	填墨
39	29793		一	龜	賓組	填墨
40	29942 正反		一	龜	賓組	正面、反面填墨
41	29904		一	龜	賓組	填墨
42	29902		一	龜	賓組	填墨
43	29909 正反		一	龜	賓組	正面填墨
44	29751		一	骨	賓組	填墨
45	29785		一	骨	賓組	填墨
46	29963		一	龜	賓組	
47	29795		一	龜	賓組	涂朱
48	29955	合 7749	一	骨	賓組	填墨
49	29926		一	龜	賓組	
50	29954 正反		一	骨	賓組	
51	29971		一	骨	賓組	
52	2.1.2		一	龜	賓組	涂朱
53	29922		一	龜	賓組	
54	29796		一	骨	賓組	"貞"字拓片不顯，見照片。
55	29927		一	龜	賓組	填墨
56	29749		一	骨	賓組	填墨
57	29757 正反		一	骨	賓組	正面填墨
58	29994		一	骨	賓組	填墨
59	29761 正反		一	骨	賓組	正面填墨
60	29786		一	骨	賓組	填墨
61	29977		一	龜	賓組	
62	29995		一	骨	賓組	填墨
63	58554 正反		一	龜	賓組	正面填墨
64	29780 正反		一	骨	賓組	
65	29763		一	骨	賓組	
66	58560		一	骨	賓組	
67	29779		一	骨	賓組	
68	29791		一	骨	賓組	涂朱

新編號	館藏號	合、合補著録號	分期	材質	組類	備　　注
69	29794		一	骨	賓組	
70	29982 正反		一	骨	賓組	反面涂朱
71	29998		一	骨	賓組	
72	58551		一	骨	賓組	填墨
73	29755		一	骨	賓組	填墨
74	29939		一	骨	賓組	填墨
75	29940		一	龜	賓組	
76	58547 正反		一	龜	賓組	
77	29905		一	龜	賓組	
78	29932 正反		一	龜	賓組	正面填墨
79	29999 正反		一	骨	自賓	反面填墨
80	29855 正反		一	骨	賓組	正面、反面填墨
81	29753		一	骨	賓組	填墨。殘字从止。
82	58557		一	骨	自賓	
83	29972		一	骨	賓組	
84	29987		一	骨	賓組	
85	29933 正反		一	骨	賓組	
86	58549		一	龜	賓組	正面填墨
87	29915		一	龜	賓組	
88	29891 正反		一	骨	賓組	填墨
89	29767		一	骨	賓組	填墨
90	29798		一	骨	賓組	填墨
91	29959		一	龜	賓組	
92	29992 反		一	骨	賓組	
93	29991 正反		一	骨	賓組	
94	29917		一	龜	賓組	
95	29931 正反		一	龜	賓組	
96	29797		一	龜	賓組	涂朱，序數填墨。
97	58556		一	骨	賓組	填墨
98	29997		一	龜	賓組	填墨
99	29969		一	骨	賓組	涂朱
100	29748		一	骨	賓組	涂朱
101	29990		一	骨	賓組	
102	29981		一	龜	賓組	反面涂朱
103	29974 正反		一	龜	賓組	正面填墨
104	2.1.1		一	骨	賓組	
105	29953		一	骨	賓組	填墨
106	29908		一	龜	賓組	填墨
107	29937		一	龜	賓組	

新編號	館藏號	合、合補著録號	分期	材質	組類	備　　注
108	58559		一	龜	賓組	填墨
109	58561		一	龜	賓組	
110	29765		一	骨	賓組	
111	29935 反		一	龜	賓組	填墨
112	29800		一	骨	賓組	
113	29889		一	骨	賓組	
114	58548		一	龜	賓組	
115	29983		一	骨	賓組	
116	29762		一	骨	賓組	
117	29919 正反		一	龜	賓組	
118	29782		一	骨		涂朱。習刻。
119	W15		二	骨	出組	
120	29778	合 24509	二	骨	出組	
121	2.2.1		二	龜	出組	涂朱
122	29906		二	龜	出組	填墨
123	29984		二	龜	出組	
124	29924	合 23587	二	龜	出組	
125	29960		二	骨	出組	
126	29914 正反	合 23806	二	龜	出組	
127	29907		二	龜	出組	
128	2.2.2		二	龜	出組	
129	29901		二	龜	出組	
130	29930		二	龜	出組	填墨
131	2.2.3		二	龜	出組	
132	29764		三	龜	何組	填墨
133	29784		三	骨	何組	
134	29781		三	骨	何組	
135	29941		三	龜	何組	填墨
136	29888 反		三	骨	何組	右邊中間有一竪劃痕,非字。
137	29882	合 31068	四	骨	無名組	
138	29886	合 30860	四	骨	無名組	填墨
139	29887		四	骨	無名組	填墨
140	29895		四	骨		?
141	29776		四	骨	歷二	填墨
142	29783		四	骨	歷二	
143	29890 反		四	龜	歷二	填墨
144	29884	合 33874	四	骨	歷一	填墨
145	29885	合 34772+34774,不全	四	骨	歷二	填墨。+29944+29948+2.4.1+ 合 41670（日滙 457）（趙鵬、劉義峰綴,蔡哲茂《甲骨綴合續集》第 481 組）。

新編號	館藏號	合、合補著録號	分期	材質	組類	備　　注
146	29892	合 34869+34893，不全	四	骨	歷二	填墨 +29893+29894+29900+29910+29911+29929+29934+29938+29943+29945+29946（趙鵬、方偉、劉義峰綴）
147	29883	合 34754	四	骨	歷二	填墨
148	29947	合 34725	四	骨	歷草	
149	29746	合 37416	五	骨	黃組	+ 巴黎 25（法 21）+ 合 37499（粹 956、善 6859）（張宇衛綴，《胛骨綴合十五例》，《臺大中文學報》第 39 期，2012 年）。
150	29750	合 39133	五	骨	黃組	涂朱。+ 合 39104（續存上 2637）（門藝綴，《殷墟黃組甲骨刻辭的整理與研究》第 16 組，中國社會科學院歷史研究所先秦史研究室網站）。
151	29752		五	骨		習刻
152	29756	合 39202	五	骨	黃組	
153	29774	合 37278	五	龜	黃組	
154	29799		五	骨	黃組	
155	29916		五	龜	黃組	
156	29925		五	龜	黃組	填墨
157	29928		五	龜	黃組	填墨
158	29952	合 39207	五	骨	黃組	涂朱
159	29957	合 38435	五	龜	黃組	
160	29961	合 38964	五	龜	黃組	
161	29962		五	龜	黃組	
162	29964	合 35594	五	龜	黃組	
163	29965	合 36208	五	龜	黃組	填墨
164	29970		五	龜	黃組	填墨
165	29975		五	龜	黃組	
166	29978	合 38700	五	龜	黃組	填墨
167	29979	合 38157	五	龜	黃組	填墨
168	29985	合 39138	五	骨	黃組	填墨
169	29993	合 39209	五	骨	黃組	填墨
170	58550	合 38699	五	龜	黃組	
171	58552		五	龜	黃組	填墨
172	58558		五	龜	黃組	填墨
173	2.2.4		五	龜	黃組	
174	29865（1）			骨		
175	29865（2）			骨		
176	29865（3）			骨		
177	29903			龜		
178	29921			骨		

新編號	館藏號	合、合補著録號	材　質	備　　注
		附録一　無字甲骨		
N1	58546		骨	無字骨
N2	29758		骨	無字骨
N3	29760		骨	無字骨
N4	29766		骨	無字骨
N5	29769		骨	無字骨
N6	29772		骨	無字骨
N7	29775		骨	無字骨
N8	29896		龜	無字卜龜
N9	29897+29898		骨	無字骨
N10	29899		龜	無字卜龜
		附録二　碎甲骨		
Fr1	29865（4）		甲骨	碎甲骨
Fr2	29865（5）		甲骨	碎甲骨
Fr3	29865（6）		甲骨	碎甲骨
Fr4	29865（7）		甲骨	碎甲骨
Fr5	29865（8）		甲骨	碎甲骨
Fr6	29865（9）		甲骨	碎甲骨
Fr7	29865（10）		甲骨	碎甲骨
Fr8	29865（11）		甲骨	碎甲骨
		附録三　僞片		
F1	29754	合 34068	骨	僞刻
F2	29986		骨	僞刻
F3	2.2.5+W18		龜	僞刻（趙鵬綴）
F4	2.2.6+W8+W9		骨	僞刻（趙鵬綴）
F5	2.2.7+W1+W2		龜	僞刻（趙鵬綴）
F6	3.1		龜	僞刻
F7	W3+W4 正反		骨	僞刻（趙鵬綴）
F8	W5+W6+W7		骨	僞刻（趙鵬綴）
F9	W10+W11+W12 正反		骨	僞刻（趙鵬綴）
F10	W13+W14		龜	僞刻（趙鵬綴）
F11	W16		龜	僞刻
F12	W17		龜	僞刻
	2.4.1		骨	與 29885 綴合
	29948		骨	與 29885 綴合
	29893		骨	與 29892 綴合
	29894		骨	與 29892 綴合

新編號	館藏號	合、合補著錄號	材　　質	備　　注
	29900		骨	與 29892 綴合
	29910		骨	與 29892 綴合
	29911		骨	與 29892 綴合
	29929		骨	與 29892 綴合
	29934		骨	與 29892 綴合
	29938		骨	與 29892 綴合
	29943		骨	與 29892 綴合
	29944		骨	與 29885 綴合
	29945		骨	與 29892 綴合
	29946		骨	與 29892 綴合
	29898		骨	與 29897 綴合
	W18		龜	+2.2.5 綴合（趙鵬綴），偽刻
	29770			空號
	29801－29854			空號
	29856－29864			空號
	29866－29881			空號

表二　重慶三峽博物館甲骨館藏號與新編號對照表

館藏號	新編號	合、合補著録號	分期	材質	組類	備　注
館展卜龜正反	21	合補 4298	一	龜	賓組	正面涂朱
衛 13	36		一	骨	自賓	
W15	119		二	骨	出組	
2.1.1	104		一	骨	賓組	
2.1.2	52		一	龜	賓組	涂朱
2.2.1	121		二	龜	出組	涂朱
2.1.3	22		一	骨	賓組	填墨
2.2.2	128		二	龜	出組	
2.2.3	131		二	龜	出組	
2.2.4	173		五	龜	黃組	
29745	3	合 2837	一	骨	賓組	填墨
29746	149	合 37416	五	骨	黃組	＋巴黎 25（法 21）＋合 37499（粹 956、善 6859）（張宇衛綴，《胛骨綴合十五例》，《臺大中文學報》第 39 期，2012 年）。
29747 正反	30		一	骨	賓組	正面填墨
29748	100		一	骨	賓組	涂朱
29749	56		一	骨	賓組	填墨
29750	150	合 39133	五	骨	黃組	涂朱。＋合 39104（續存上 2637）（門藝綴，《殷墟黃組甲骨刻辭的整理與研究》第 16 組，中國社會科學院歷史研究所先秦史研究室網站）。
29751	44		一	骨	賓組	填墨
29752	151		五	骨		習刻
29753	81		一	骨	賓組	填墨。殘字从止。
29755	73		一	骨	賓組	
29756	152	合 39202	五	骨	黃組	
29757 正反	57		一	骨	賓組	正面填墨
29759	5		一	骨	賓組	骨面有一長劃刻道，非字。
29761 正反	59		一	骨	賓組	正面填墨
29762	116		一	骨	賓組	
29763	65		一	骨	賓組	
29764	132		三	龜	何組	填墨
29765	110		一	骨	賓組	
29767	89		一	骨	賓組	填墨

館藏號	新編號	合、合補著錄號	分期	材質	組類	備　　注
29768	29		一	骨	賓組	
29771	37		一	骨	賓組	
29773 正反	23		一	龜	賓組	正面、反面填墨。反面甲橋刻辭。
29774	153	合 37278	五	龜	黃組	
29776	141		四	骨	歷二	填墨
29777	14		一	骨	賓組	
29778	120	合 24509	二	骨	出組	
29779	67		一	骨	賓組	
29780 正反	64		一	骨	賓組	
29781	134		三	骨	何組	
29782	118		一	骨		涂朱。習刻
29783	142		四	骨	歷二	填墨
29784	133		三	骨	何組	
29785	45		一	骨	賓組	填墨
29786	60		一	骨	賓組	填墨
29787	15		一	骨	賓組	
29788	11		一	骨	賓組	填墨
29789 正反	28		一	龜	賓組	正面填墨，反面涂朱
29790	35		一	龜	賓組	填墨
29791	68		一	骨	賓組	涂朱
29792	12		一	骨	賓組	填墨
29793	39		一	龜	賓組	填墨
29794	69		一	骨	賓組	
29795	47		一	龜	賓組	涂朱
29796	54		一	骨	賓組	"貞" 字拓片不顯，見照片。
29797	96		一	龜	賓組	涂朱，序數填墨
29798	90		一	骨	賓組	填墨
29799	154		五	骨	黃組	
29800	112		一	骨	賓組	
29855 正反	80		一	骨	賓組	正面、反面填墨
29865（1）	174			骨		
29865（2）	175			骨		
29865（3）	176			骨		
29882	137	合 31068	四	骨	無名組	
29883	147	合 34754	四	骨	歷二	填墨
29884	144	合 33874	四	骨	歷一	填墨
29885	145	合 34772+34774，不全	四	骨	歷二	填墨。+29944+29948+2.4.1+ 合 41670（日滙 457）（趙鵬、劉義峰綴，蔡哲茂《甲骨綴合續集》第 481 組）。
29886	138	合 30860	三四	骨	無名組	填墨

館藏號	新編號	合、合補著録號	分期	材質	組類	備　　注
29887	139		四	骨	無名組	填墨
29888 反	136		三	骨	何組	右邊中間有一竪劃痕，非字。
29889	113		一	骨	賓組	
29890 反	143		四	龜	歷二	填墨
29891	88		一	骨	賓組	填墨
29892	146	合 34869+34893，不全	四	骨	歷二	填墨 +29893+29894+29900+29910+29911+29929+29934+29938+29943+29945+29946（趙鵬、方偉、劉義峰綴）
29895	140		四	骨		?
29901	129		二	龜	出組	
29902	42		一	龜	賓組	填墨
29903	177			龜		
29904	41		一	龜	賓組	填墨
29905	77		一	龜	賓組	
29906	122		二	龜	出組	填墨
29907	127		二	龜	出組	
29908	106		一	龜	賓組	填墨
29909 正反	43		一	龜	賓組	正面填墨
29912	6		一	骨	賓組	填墨
29913	7		一	龜	賓組	填墨
29914 正反	126	合 23806	二	龜	出組	
29915	87		一	龜	賓組	
29916	155		五	龜	黃組	
29917	94		一	龜	賓組	
29918	4		一	龜	賓組	填墨。"庚"字缺刻橫劃。
29919 正反	117		一	龜	賓組	
29920	31		一	龜	賓組	填墨
29921	178			骨		
29922	53		一	龜	賓組	
29923	8		一	骨	賓組	涂朱填墨
29924	124	合 23587	二	龜	出組	
29925	156		五	龜	黃組	填墨
29926	49		一	龜	賓組	
29927	55		一	龜	賓組	填墨
29928	157		五	龜	黃組	填墨
29930	130		二	龜	出組	填墨
29931 正反	95		一	龜	賓組	
29932 正反	78		一	龜	賓組	正面填墨
29933 正反	85		一	骨	賓組	

館藏號	新編號	合、合補著録號	分期	材質	組類	備　　注
29935 反	111		一	龜	賓組	填墨
29936	16		一	骨	賓組	填墨
29937	107		一	龜	賓組	
29939	74		一	骨	賓組	填墨
29940	75		一	龜	賓組	
29941	135		三	龜	何組	填墨
29942 正反	40		一	龜	賓組	正面、反面填墨
29947	148	合 34725	四	骨	歷草	
29949	20		一	骨	賓組	
29950	17		一	骨	賓組	填墨
29951 正反	25	合補 5472 正反	一	骨	賓組	正面填墨
29952	158	合 39207	五	骨	黃組	涂朱
29953	105		一	骨	賓組	填墨
29954 正反	50		一	骨	賓組	
29955	48	合 7749	一	骨	賓組	填墨
29956	27		一	龜	賓組	
29957	159	合 38435	五	龜	黃組	
29958	32		一	骨	賓組	填墨
29959	91		一	龜	賓組	
29960	125		二	骨	出組	
29961	160	合 38964	五	龜	黃組	
29962	161		五	龜	黃組	
29963	46		一	龜	賓組	
29964	162	合 35594	五	龜	黃組	
29965	163	合 36208	五	龜	黃組	填墨
29966	26	合 8672	一	龜	賓組	涂朱。＋合補 1327＋殷遺 41（方稚松、何會綴）。
29967	1	合 14822	一	骨	賓組	填墨。＋懷 898（合 14354）＋合 14824（文攗 884）（裘錫圭《甲骨綴合拾遺》第 9 組,《古文字研究》第 18 輯）。
29968	13	合 15183	一	骨	賓組	填墨
29969	99		一	骨	賓組	涂朱
29970	164		五	龜	黃組	填墨
29971	51		一	骨	賓組	
29972	83		一	骨	賓組	
29973	19		一	龜	賓組	填墨
29974 正反	103		一	龜	賓組	正面填墨
29975	165		五	龜	黃組	
29976 反	24	合 4472	一期	龜	賓組	甲橋刻辭

館藏號	新編號	合、合補著録號	分期	材質	組類	備　　注
29977	61		一	龜	賓組	
29978	166	合 38700	五	龜	黃組	填墨
29979	167	合 38157	五	龜	黃組	填墨
29980 正反	10		一	龜	賓組	正面涂朱
29981	102		一	龜	賓組	反面涂朱
29982 正反	70		一	骨	賓組	反面涂朱
29983	115		一	骨	賓組	
29984	123		二	龜	出組	
29985	168	合 39138	五	骨	黃組	填墨
29987	84		一	骨	賓組	
29988	2	合 908	一	龜	賓組	填墨
29989	9		一	骨	賓組	涂朱填墨
29990	101		一	骨	賓組	
29991	93		一	骨	賓組	
29992 反	92		一	骨	賓組	
29993	169	合 39209	五	骨	黃組	填墨
29994	58		一	骨	賓組	填墨
29995	62		一	骨	賓組	填墨
29996	38		一	龜	賓組	填墨
29997	98		一	龜	賓組	填墨
29998	71		一	骨	賓組	
29999 正反	79		一	骨	白賓	反面填墨
30000 正反	33		一	龜	賓組	反面填墨
58547 正反	76		一	龜	賓組	
58548	114		一	龜	賓組	
58549	86		一	龜	賓組	正面填墨
58550	170	合 38699	五	龜	黃組	
58551	72		一	骨	賓組	填墨
58552	171		五	龜	黃組	填墨
58553	34	合 10570 合補 2558	一	龜	賓組	填墨
58554 正反	63		一	龜	賓組	正面填墨
58555	18		一	龜	賓組	填墨
58556	97		一	骨	賓組	填墨
58557	82		一	骨	白賓	
58558	172		五	龜	黃組	填墨
58559	108		一	龜	賓組	填墨
58560	66		一	骨	賓組	
58561	109		一	龜	賓組	

館藏號	新編號	合、合補著録號	材　質	備　　注
附録一　無字甲骨				
N1	58546		骨	無字骨
N2	29758		骨	無字骨
N3	29760		骨	無字骨
N4	29766		骨	無字骨
N5	29769		骨	無字骨
N6	29772		骨	無字骨
N7	29775		骨	無字骨
N8	29896		龜	無字卜龜
N9	29897+29898		骨	無字骨
N10	29899		龜	無字卜龜
附録二　碎甲骨				
Fr1	29865（4）		甲骨	碎甲骨
Fr2	29865（5）		甲骨	碎甲骨
Fr3	29865（6）		甲骨	碎甲骨
Fr4	29865（7）		甲骨	碎甲骨
Fr5	29865（8）		甲骨	碎甲骨
Fr6	29865（9）		甲骨	碎甲骨
Fr7	29865（10）		甲骨	碎甲骨
Fr8	29865（11）		甲骨	碎甲骨
附録三　偽片				
F1	29754	合 34068	骨	偽刻
F2	29986		骨	偽刻
F3	2.2.5+W18		龜	偽刻（趙鵬綴）
F4	2.2.6+W8+W9		骨	偽刻（趙鵬綴）
F5	2.2.7+W1+W2		龜	偽刻（趙鵬綴）
F6	3.1		龜	偽刻
F7	W3+W4 正反		骨	偽刻（趙鵬綴）
F8	W5+W6+W7		骨	偽刻（趙鵬綴）
F9	W10+W11+W12 正反		骨	偽刻（趙鵬綴）
F10	W13+W14		龜	偽刻（趙鵬綴）
F11	W16		龜	偽刻
F12	W17		龜	偽刻
	2.4.1		骨	與 29885 綴合
	29948		骨	與 29885 綴合
	29893		骨	與 29892 綴合

館藏號	新編號	合、合補著録號	材　質	備　　注
	29894		骨	與 29892 綴合
	29900		骨	與 29892 綴合
	29910		骨	與 29892 綴合
	29911		骨	與 29892 綴合
	29929		骨	與 29892 綴合
	29934		骨	與 29892 綴合
	29938		骨	與 29892 綴合
	29943		骨	與 29892 綴合
	29944		骨	與 29885 綴合
	29945		骨	與 29892 綴合
	29946		骨	與 29892 綴合
	29898		骨	與 29897 綴合
	W18		龜	+2.2.5 綴合（趙鵬綴），僞刻
	29770			空號
	29801−29854			空號
	29856−29864			空號
	29866−29881			空號

表三 《合》《合補》著録重慶三峽博物館藏甲骨一覽表

合、合補著録號	館藏號	新編號	備　　注
合 908	29988	2	
合 2837	29745	3	
合 4472	29976	24	
合 7749	29955	48	
合 8672	29966	26	
合 14822	29967	1	+ 懷 898（合 14354）+ 合 14824（文攈 2884）（裘錫圭綴）
合 15183	29968	13	
合 23587	29924	124	
合 23806	29914	126	
合 24509	29778	120	
合 30860	29886	138	
合 31068	29882	137	
合 33874	29884	144	
合 34068	29754	F1	
合 34725	29947	148	
合 34754	29883	147	
合 34772+34774，不全	29948 29885	145	29885+29944+29948+2.4.1+ 合 41670（日滙 457）（蔡哲茂、趙鵬、劉義峰綴）
合 34869+34893，不全	29946 29892	146	29892+29893+29894+29900+29910+29911+29929+29934+29938+29943+29945 +29946（趙鵬、方偉、劉義峰綴）
合 35594	29964	162	
合 36208	29965	163	
合 37278	29774	153	
合 37416	29746	149	+ 巴黎 25（法 21）+ 合 37499（粹 956、善 6859）（張宇衛綴）
合 38157	29979	167	
合 38435	29957	159	
合 38699	58550	170	
合 38700	29978	166	
合 38964	29961	160	
合 39133	29750	150	+ 合 39104（續存上 2637）（門藝綴）
合 39202	29756	152	
合 39207	29952	158	
合 39138	29985	168	
合 39209	29993	169	
合 10570 合補 2558 重	58553	34	
合補 4298	館展卜龜	21	
合補 5472	29951	25	

表四　重慶三峽博物館藏甲骨於《合》《合補》著録一覽表

館藏號	合、合補著録號	新編號	備　　注
館展卜龜正反	合補 4298	21	·
29745	合 2837	3	
29746	合 37416	149	＋巴黎 25（法 21）＋合 37499（粹 956、善 6859）（張宇衛綴）
29750	合 39133	150	＋合 39104（續存上 2637）（門藝綴）
29754	合 34068	F1	
29756	合 39202	152	
29774	合 37278	153	
29778	合 24509	120	
29882	合 31068	137	
29883	合 34754	147	
29884	合 33874	144	
29885 29948	合 34774+34772，不全	145	29885+29944+29948+2.4.1+ 合 41670（日滙 457）（蔡哲茂、趙鵬、劉義峰綴）
29886	合 30860	138	
29892 29946	合 34893+34869，不全	146	29892+29893+29894+29900+29910+29911+29929+29934+29938+29943+29945+29946（趙鵬、方偉、劉義峰綴）
29914	合 23806	126	
29924	合 23587	124	
29947	合 34725	148	
29951	合補 5472	25	
29952	合 39207	158	
29955	合 7749	48	
29957	合 38435	159	
29961	合 38964	160	
29964	合 35594	162	
29965	合 36208	163	
29966	合 8672	26	
29967	合 14822	1	＋懷 898（合 14354）＋合 14824（文攗 884）（裘錫圭綴）
29968	合 15183	13	
29976	合 4472	24	
29978	合 38700	166	
29979	合 38157	167	
29985	合 39138	168	
29988	合 908	2	
29993	合 39209	169	
58550	合 38699	170	
58553	合 10570 合補 2558 重	34	